Maestros

Fernando Castro Flórez

Maestros antiguos
Velázquez, Rembrandt, Caravaggio, Goya
y otras metaforizaciones

casimiro

casimiro [*casimiroa edulis*]

En cubierta: Cornelis Norbertus Gysbrechts, *Trompe l'oeil. En el reverso de una pintura enmarcada* (modificado), c 1670
Statens Museum for Kunst, Copenhague

ISBN: 979-13-87675-11-0
Depósito legal: M-20122-2025

Hecho en Madrid

ÍNDICE

A Manuela que encarna la belleza del arte.
Y a Carlos León, pintor, amigo y maestro.

"*Stultitiam unam esse rem, quae et iuuentam alioqui fugacissimam remoretur, et improbam senectam procul arceat*"

["La estupidez es la única cosa que permite conservar la juventud y mantener alejada la molesta vejez"]

(Erasmo: *Elogio de la locura*).

REVITALIZADO EN EL MUSEO (MAUSOLEO)

Vivimos en la era de la *museografía generalizada* y, sin embargo, no hay apenas memoria. Todo lo que se manifiestan son recuerdos banales, pequeñas anécdotas, travesuras con las que "matar el tiempo". Es como si se hubiera perdido la capacidad para producir sucesos dotados de intensidad, cercados por un horizonte de tedio. La incredulidad ante los *metarrelatos* o la certeza de que la modernidad es un proyecto inconcluso han conducido a un tono emocional nostálgico o bien apocalíptico, acentuando los signos de la post-historia. Recuerdo una fotografía excelente, publicada en la revista *Paris Match*, en la que está posando André Malraux, acodado en un piano, contemplando una página que pertenece, sin duda, al conjunto de láminas del *Museo Imaginario* que tiene desplegadas ante él, encima de una alfombra que cubre prácticamente todo el suelo. Curiosa situación ésta, en la que el Libro se ha convertido en panel, rompiéndose su natura-

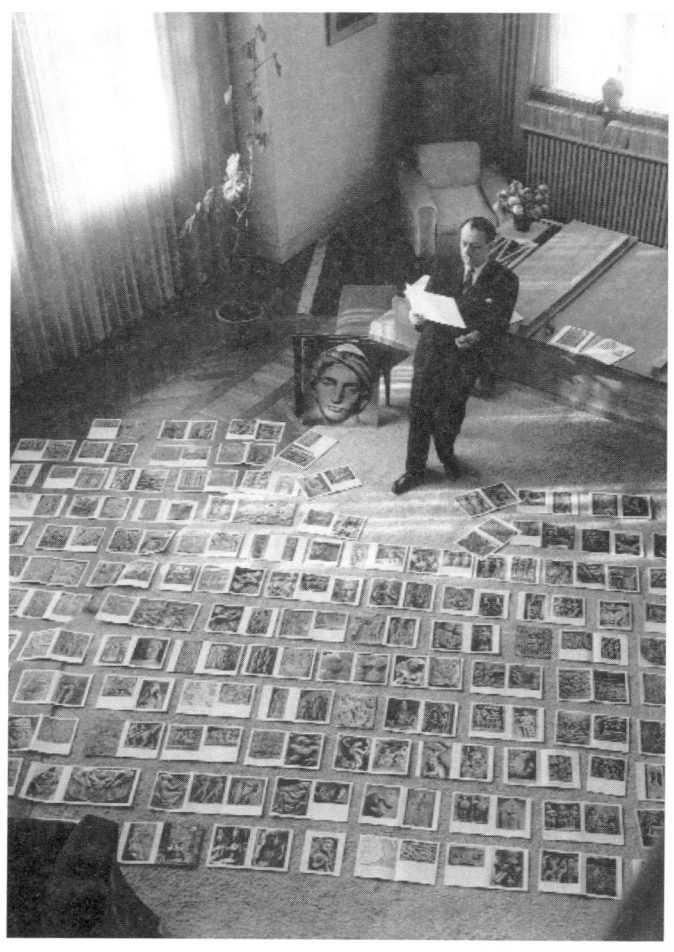

leza secuencial para ser visto, como el *Aleph*, de una sola vez. La *reproducción fotográfica* permite acabar con lo anárquico, múltiples objetos (desde la estatua al bajorrelieve, de éste a las impresiones de sellos y a las placas de los nómadas) quedan subsumidos en lo que el escritor llama "estilo babilónico": el museo sin paredes consagra la heteroglosia. Convendría tener presente, una vez más, aquella consideración de Adorno en la que indica que la palabra *museal* tiene connotaciones desagradables, puesto que describe objetos con los que el observador no tiene ya una relación vital y, acaso, están en proceso de extinción. Hay algo más que un juego fonético o una etimología peregrina que vincula *museo* con *mausoleo*. Ese impresionante monumento de la disuasión cultural, cúspide de la joyería política contemporánea, asume el proyecto de exhibir y catalogar *cualquier cosa* (pensemos en el Guggenheim Bilbao donde sepultaron una escultura de Richard Serra bajo un bazar de motocicletas para recibir, más adelante, con sobredosis de *glamour* los actos de beatificación artística del diseñador de moda Giorgio Armani), continuando la tradición de aleatoriedad (en el copiar delirante) de Bouvard y Pécuchet que llegaron a la felicidad definitiva, tras la ansiedad taxonómica, en la exaltación que comporta la estadística: "no hay nada más que hechos y fenómenos" o, en parámetros museísticos, cifras de visitantes y presupuestos. El Museo más que

11

exponer consagra, asumiendo incluso aquello que, "radicalmente", se le opone. "Entre la profanación (lo trivial) y la sacralización (la vitrina), la diseminación (la vida), y la concentración (la colección), la radicalidad y la promoción, se opera –escribe Regis Debray en su *Introducción a la mediología*– una especie de movimiento de ida y vuelta en el que la última palabra seguirá siendo la del Medio, que convierte a la anticultura, la cultura y lo escupido en agua bendita. El Museo, vencedor por puntos. *The show must go on*".

Acaso como reacción a la *movilización permanente* (esa agitación colectiva que no lleva, propiamente a ningún sitio, pero, al mismo tiempo, proporciona una *ocupación del tiempo*) la museología se "repliega" en la retórica archivística, como si ahí buscara un *fármaco* (veneno y antídoto) frente a las patologías consumistas. El archivador es, tal y como Le Corbusier sugiriera, un museo. Archivo y domicilio coinciden en muchos sentidos. Lo que suena en *el mal de archivo* (*Nous sommes en mal d'archive*) es una pasión que nos hace arder: "No tener descanso, interminablemente, buscar el archivo –apunta Derrida en *Mal de archivo*– allí donde se nos hurta. Es correr detrás de él allí donde, incluso si hay demasiados, algo en él se anarchiva. Es lanzarse hacia él con un deseo compulsivo, repetitivo y nostálgico, un deseo irreprimible de retorno al origen, una morriña, una nostalgia de regreso al lugar más arcaico del comienzo absoluto. Ningún deseo, ninguna pasión, ninguna pulsión, ninguna compulsión, ni siquiera ninguna compulsión de repetición, ningún "mal-de" surgirían para aquel a quien, de un modo u otro, no le pudiera ya el (mal de) archivo. Ahora bien, el principio de la división interna del gesto freudiano y, por tanto, del concepto freudiano de *archivo*, es que en el momento en que el psicoanálisis formaliza las condiciones del mal de archivo y del archivo mismo, repite aquello mismo a lo que resiste o aquello de lo que hace su objeto". Asistimos a una estetización de todos los comportamientos y de todas las estructuras. Y al final lo que tenemos es el predominio de la *sedimentación fotográfica*: todas las tipologías, todas las fachadas, todos los ángulos, deben estar archivados so pena de que sean *recordados*. No hay nada que profanar, todo está en la vitrina, el devenir museo del mundo y la conversión del turismo en la condena global están a punto de impedir que surja lo singular.

Finalmente parece que estamos incapacitados para estar en casa. Conocemos de sobra lo que pasa: visita guiada, *powerpoint* comentado, espacio interactivo, gestión de recursos culturales, la baraúnda turística que está siempre falta de tiempo. Estamos movilizados por el turismo, esa es la *experiencia estética*. Aquella *espera de lo que se demora* es, en realidad, el banal "tiempo libre" antes de continuar en pos de un destino que se llama *souvenir*

Vivimos, valga el tono shakesperiano, en tiempos desquiciados y eso hace que tengamos que evitar el pantano *happycrático* sin elevarnos a la columna del estilita a predicar el inminente fin de todas las cosas. La oscuridad de nuestro mundo *sobre-iluminado* dota de radical sentido la frase de Paul Celan de que "dice verdad quien dice sombra". El arte contemporáneo ciertamente se nutre de la atracción del límite, del conflicto entre la cosa y su sombra. Recordemos la idea planteada por Mario Perniola de una "belleza extrema", capaz, a pesar de su magnificencia, de mantener un margen de sombra y de resto: lo que resiste a la banalización de aquel esteticismo demasiado laxo.

El Museo colabora en el *nuevo proyecto global de glaciación*, cuando acaso lo único importante es lo que Heidegger denominara *Ge-stell*, esto es, el dispositivo. Cuando todo parece *musealizable*, tal vez tengamos que generar otros *trayectos*, materializando metáforas diferentes, tratando de *hacer visible los modos de ver*, poniendo en escena los marcos del "reparto de lo sensible", cuestionando la ideología de la "transparencia" y reclamando un (anómalo) *derecho a la opacidad*. En el museo es imposible la profanación de aquello que, literalmente, ha sido *des-activado* de su función originaria.

14

Más allá de la decepción "academizada" o de la comunión con la "tontería viral", (me) conviene *volver a mirar* y, especialmente, disfrutar (una vez más) de los "maestros antiguos", sin miedo a ser tildado de "viejuno". Flaubert decía que el primer propósito del arte era hacer que vieras (*faire voir*) y después hacerte soñar (*faire rêver*). No importa que la "mano del arte" no agarre nada, porque su "cacería" lo que hace es revelar el fondo, el muro que nos permite habitar. El mito de Acteón sigue metamorfoseándose en mi imaginario febril, impulsándome a tratar de contar (si acaso puedo) lo que he visto. Con la certeza de que no hago otra cosa que acechar *la imagen que nos falta*.

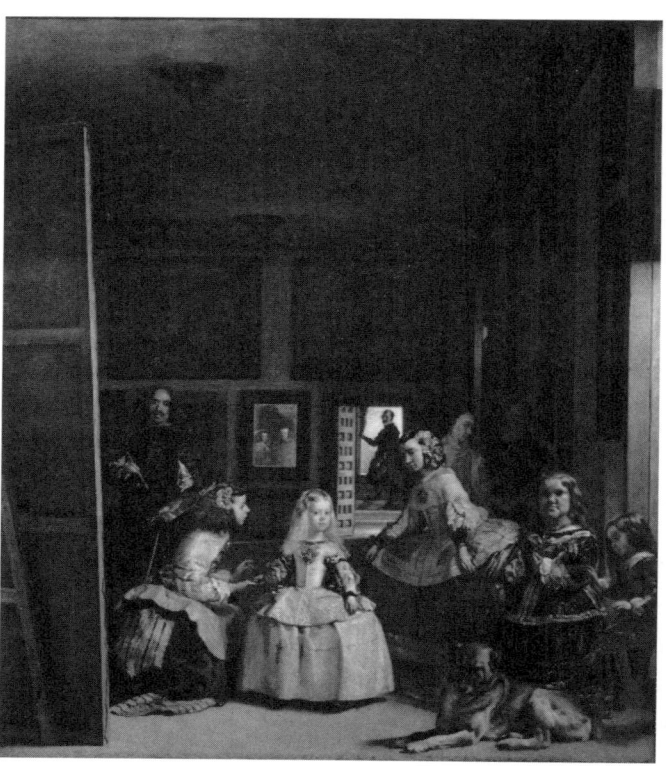

EMBROLLADOS Y ENMARCADOS EN "LAS MENINAS".
SOBRE EL CUADRO-DENTRO-DEL-CUADRO
O DE LA DESAPARICIÓN DE LA IMAGEN REAL.

Gracias a Borges sabemos que "los espejos son abominables" o, por lo menos, tanto como los coitos, causa de la multiplicación de los hombres. También el laberíntico imaginario borgiano nos enredó en el embrollo de una "enciclopedia china" en la que una de las "categorías" era la (anómala) de animales "incluidos en esta clasificación". En *Las palabras y las cosas* (1966), Michel Foucault comienza enlazando una fascinante meditación sobre *Las meninas* con una prolongación de las paradojas de *El idioma analítico de John Wilkins*; quizá, propone este pensador francés, haya en el canónico cuadro de Velázquez, una representación de la representación clásica y la definición del espacio que ella abre: "En efecto, intenta representar –leemos en el último párrafo dedicado a *Las meninas*– todos sus elementos, con sus imágenes, las miradas a las que se ofrece, los rostros que hace visibles, los gestos que la hace nacer". En ese magnífico campo de ilusión pictórica se señala imperiosamente, por doquier, "un vacío esencial"; asistimos, en este impresionante ejercicio de *metapintura*, a la desaparición del sujeto (convertidos los reyes en apariciones especulares), justamente cuando "la representación puede darse como pura representación".

Las *meninas* es un cuadro magistralmente "invisible" que invoca la ficción del artista sorprendido por el espectador, como si hubiese sido "cazado en el acto". Góngora ve en el cuadro "la nada de la imagen", sus cenizas, su tumba, cuando lo que propiamente contemplamos es una "mise en abyme" meta-pictórica. Desde *El pintor en su estudio* de Rembrandt a *Las meninas* de Velázquez estamos invitados a inspeccionar la pintura como "escenario de producción" aunque lo que propiamente se haga visible sea el sombrío revés del cuadro. Ese espacio del *cuadro pintándose* extiende su sombra hasta el cuadrado negro de Malévich. "Para que haya cuadrado –señala Gérard Wajcman en *El objeto del siglo*–, no basta pintar un cuadrado negro sobre una pared, todavía se precisa un marco, se precisa que este cuadrado negro quede enmarcado. Agregar en suma un *quadro* al cuadrado. Un cuadrado dentro de un cuadrado. Me explico. En verdad, la ecuación pared=cuadro no es del todo rigurosa, habría que decir más bien: *un* cuadro = *una* pared, es decir que hace falta una unidad, hace falta que se pueda individuar el objeto: hacer falta un recorte".

Toda instauración del cuadro, cuya esencia es el enmarcado, tiene por correlato la producción de un enmarcado del mundo, esto es, lo que toda ventana materializa. Todo marco es a la vez marca del mirador y del mirado. El marco es un sistema de exclusión y de captación de atención en *lo pertinente*: muestra lo esencial evitando mostrar un afuera que perturba toda representación. "No hace mucho –apunta Nathalie Heinich en *El paradigma del arte contemporáneo*–, el soporte de una exposición eran los cimacios donde se colgaban los cuadros, o el suelo donde se ponían las esculturas sobre su pedestal. En el momento actual, en que las exposiciones se han convertido fundamentalmente en instalaciones, el soporte se ha desmaterializado en gran medida: se ha convertido en algo invisible, pues toma la forma, si esto puede decirse, de un concepto: el 'concepto' de la exposición; es decir, su temática, expresada mediante un discurso abierto a posibles interpretaciones". Las pesadillas sin fin de los expresionistas abstractos (especialmente en el caso de Pollock) necesitaban superar cualquier sistema de enmarcado para expandirse por el espacio, aunque demandan el cubo blanco expositivo para conseguir su efecto "anonadante". Las *combine paintings* de Rauschenberg ofrecían un marco a los "objetos encontrados" e incluso su mítico *dibujo borrado* hace que cobre un protagonismo extremo el *passepartout* y el marco donde se inscribe la acción pro-

19

fanadora que materializa una honda angustia de las influencias. El tópico de que el arte contemporáneo habría "des-enmarcado" el arte no da cuenta de la pulsión delimitadora que impone el Museo devenido en un imperial archivo de *cualquier cosa*. La estrategia de enmarcar lo nuevo fue denunciada por Kay Larson como "neoísmo". Un ejemplo paradigmático es el que establece Jeff Koons cuando considera a esas vitrinas que acogen aspiradoras y balones de baloncesto como "cerramientos uterinos". Esa ultra-*pedestalización* del arte contemporáneo podría leerse a partir de la noción lacaniana de *bâti*, el sostén físico de la ficción que nos permite recuperar la obra de Magritte basada en la imagen que resulta de poner en el marco mismo de una ventana un cuadro que representa exactamente el paisaje que hay detrás. En la pintura titulada *La condición humana (II)* (1935) se ajusta la línea del horizonte de una marina que pone en cuestión nuestro "encaje" de lo real, en un extraordinario juego, de acuerdo con las consideraciones de André Chastel, que da cuenta de la ambivalencia del cuadro-dentro-del-cuadro "metido en el paisaje-en-el seno-del-cuadro".

Uno de los cuadros que, con toda certeza, proporcionan placer a los "neo-alejandrinos", esto es, a los que *acuden a la cita* del arte deseando gozar de la densa complejidad de la tradición, es *La galería del archiduque Leopoldo*

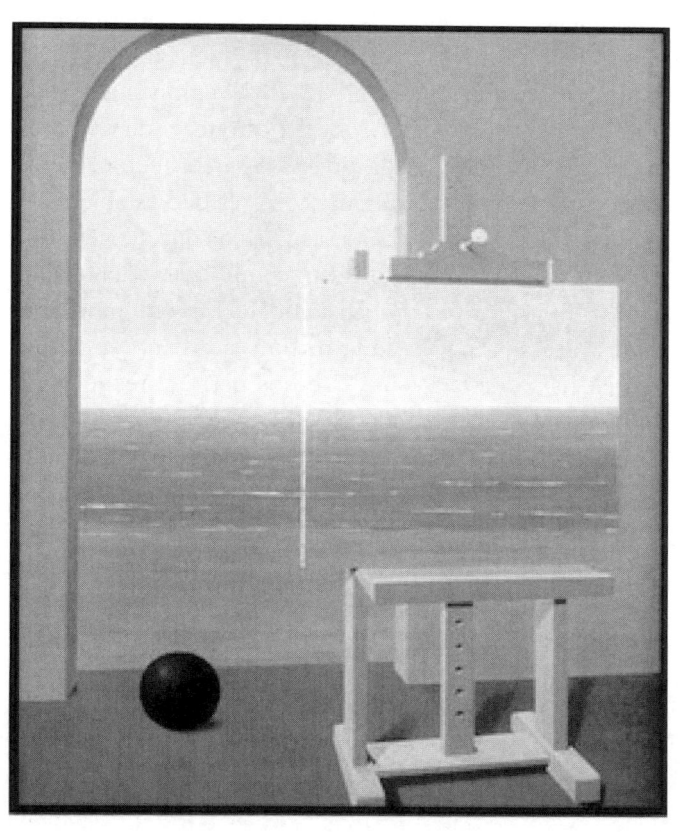

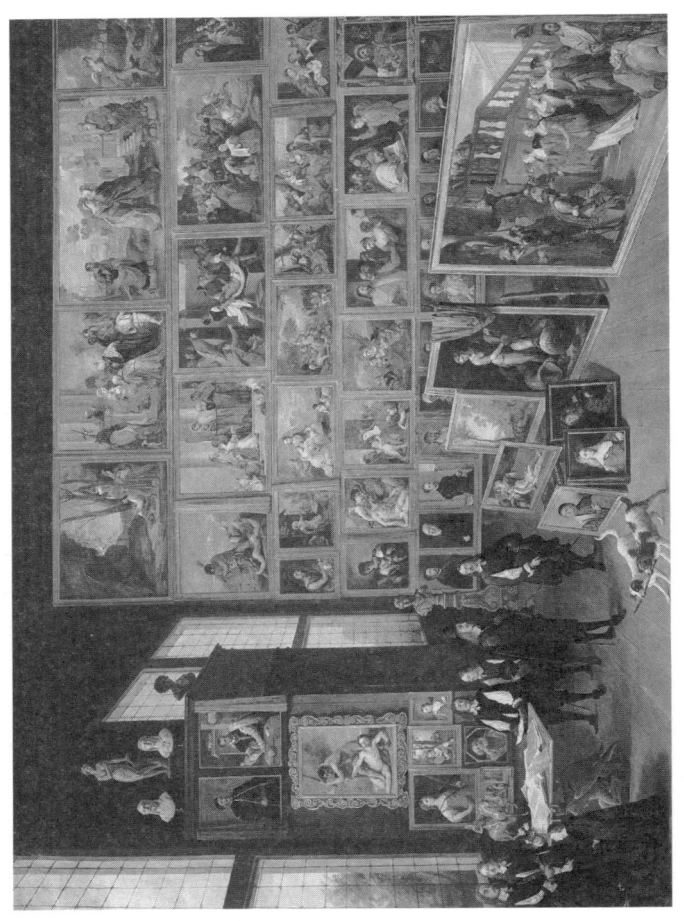

Guillermo, hacia 1647 de David Teniers II, una de las maravillas que podemos disfrutar también en El Prado, tal vez uno de los mejores ejemplos del género de "gabinete de pinturas" que podamos contemplar. "El espacio del gabinete [las primeras colecciones de pinturas] –apunta Victor I. Stoichita en su brillante libro *La invención del cuadro*– se opone al mundo, del mismo modo que el cuadro con su marco se opone a todo lo que es un no-cuadro. La función separadora del marco se repite en la conciencia de la colección como un todo, conciencia que actúa como "supermarco". En el interior de este supermarco –el espacio de la colección– propicia una red de relaciones de cuadro a cuadro que llamaré contextuales". Entre el exceso placentero para los eruditos barrocos y la actitud iconoclasta de los protestantes, se produjo el gran impulso de la práctica meta-artística de la que el presente (absolutamente paradójico: nomádico en la red social pero extremadamente sedentario o estupefacto ante la viralización de lo catastrófico, sobrepasado por lo urgente y empantanado en naderías) es un inequívoco heredero, aunque lo haga intentando dotarse de lo que un comisario llamaba, con toda justicia, "falsos marcos".

Las primeras naturalezas muertas independientes aparecen sólo cuando el reverso (de la pintura) ha conquistado el verso; es en ese momento cuando lo que originariamente había sido concebido como anti-imagen se con-

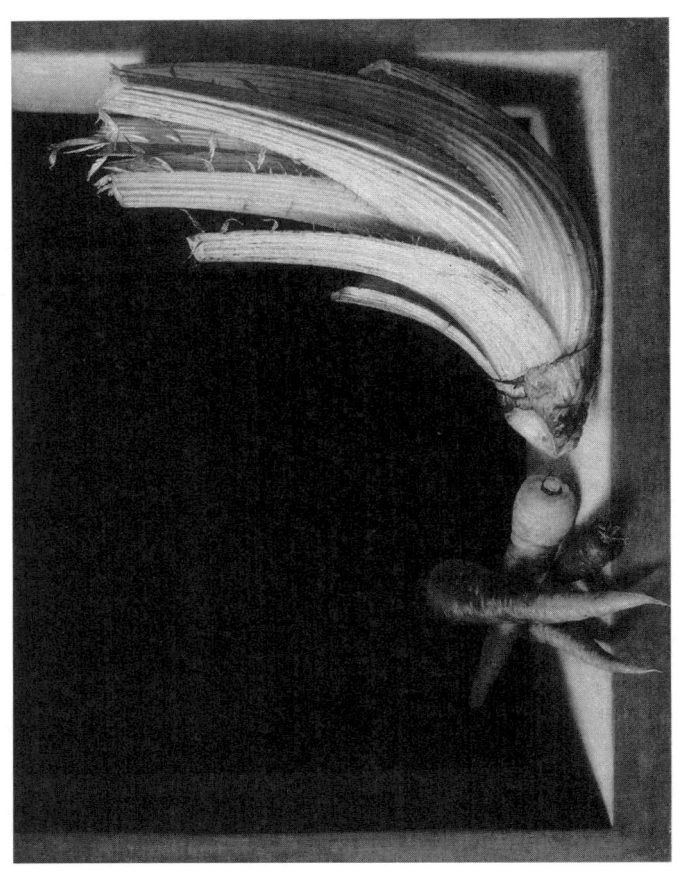

vierte, totalmente, en imagen. El marco funciona como el alfeizar de una ventana, pero, en realidad, es un "corte ontológico" planteado para separar la imagen de todo lo que es no-imagen, encuadrando y separando, encajando lo que tenemos propiamente que ver. "Resulta extremadamente significativo –apunta Victor I. Stoichita– que en el siglo XVI (periodo de eclosión de la intertextualidad y, a la vez, período de obsesión por la "frontera estética"), el marco real fuese considerado como el problema genuino de toda definición de la imagen". El trampantojo volvía, en cierto sentido, superfluo el marco o, como en el caso del hipnótico *Bodegón del cardo* (1602) de Sánchez Cotán, se trataba únicamente de jugar con un vacío enmarcado. "Cuando "la naturaleza" –escribe André Malraux en *El Museo Imaginario*– (la naturaleza ilusionista que descubrieron Italia y Flandes, no el paisaje de rocas bizantinas heredado de los mosaicos, que es a esta naturaleza lo que la Virgen de los iconos es a la del siglo XVI) sustituye alrededor de las escenas sacras de los cuadros a la catedral imaginaria, aparece el marco, pero desparece la escena sacra. Pues esta había sido creada para unirse, en cuerpo y alma, al lugar sagrado al que pertenecía". Los marcos hacen soñar con la metamorfosis del sentimiento que inspiran las obras de arte y que se aferra en primer lugar a la de su "pertenencia". El cuadro como rectángulo transportable y habitualmente de pequeño formato necesita del marco como ornamento añadido o *parergon* que revela lo esencial. "Un parergon –escribe Derrida– viene contra, al lado y se añade al *ergon*, el trabajo hecho, al hecho, a la obra, pero no se queda al lado, sino que toca y coopera, desde cierta distancia, con el interior de la operación. No simplemente desde fuera ni simplemente desde dentro. Como un accesorio que uno está obligado a aceptar de cabo a rabo". El marco es la frontera misma del arte, la pantalla que hace de membrana permeable, entre el interior y el exterior.

El marco es un objeto profano que progresivamente dejó de servir para "desvelar" lo sobrenatural. Desde las pinturas naturalistas de mendigos y picapedreros hasta el impresionismo fue sintiéndose una profunda *incomodidad* con los marcos. Ortega y Gasset apuntaba que la obra de arte es una isla imaginaria que flota rodeada de realidad por todas partes: "Para que se produzca, es, pues, necesario –escribía en su lúcida "Meditación del marco"– que el cuerpo estético quede aislado del contorno vital. De la tierra que pisamos a la tierra pintada no podemos transitar paso a paso. Es más: la indecisión de confines entre lo artístico y lo vital perturba nuestro goce estético. De aquí que el cuadro sin marco, al confundir sus límites con los objetos útiles, extraartísticos que le rodean, pierde garbo y sugestión. Hace falta que la pared real concluya de pronto, radicalmente, y que súbitamente, sin titu-

26

beo, nos encontremos en el territorio irreal del cuadro. Hace falta un aislador. Esto es el marco". Tenemos que volver a recordar que la pasión por los marcos y por el género del "gabinete de aficionado" es contemporánea de la pared en blanco, el muro desnudo, de la Reforma protestante. Zuinglio se preguntaba por qué nos arrodillamos ante una imagen en una iglesia, mientras que en un hostal se come y se juega en presencia de la imagen. Esa cuestión iconoclasta podría prolongarse hasta el hechizo del *ready-made* (un urinario en el que haríamos nuestras *necesidades* que suscita admiración o pasmo reverente en el pedestal museístico) pero sobre todo cabe postular que la crítica protestante funda, en su dialéctica, la noción moderna de arte. Jugando con el famoso ensayo weberiano sugerimos que la ética (iconoclasta) protestante contribuye al origen del capitalismo (an-estético); somos inconscientemente luteranos en cuestiones artísticas, esto es, asumimos la indiferencia simbólica, el *arte adiáforico*, en una paradoja extrema, nos "entusiasma", admiramos a aquellos que han neutralizado (en un proceso de descontextualización) *cualquier cosa* para generar no tanto un cuestionamiento del dispositivo institucional del arte cuanto para instalarlo en un "desinterés" pretendidamente subversivo aunque esté inequívocamente des-activado. Como apuntó André Malraux, en el museo, el crucifijo se convierte en escultura. El urinario-*ready-made* no es otra

27

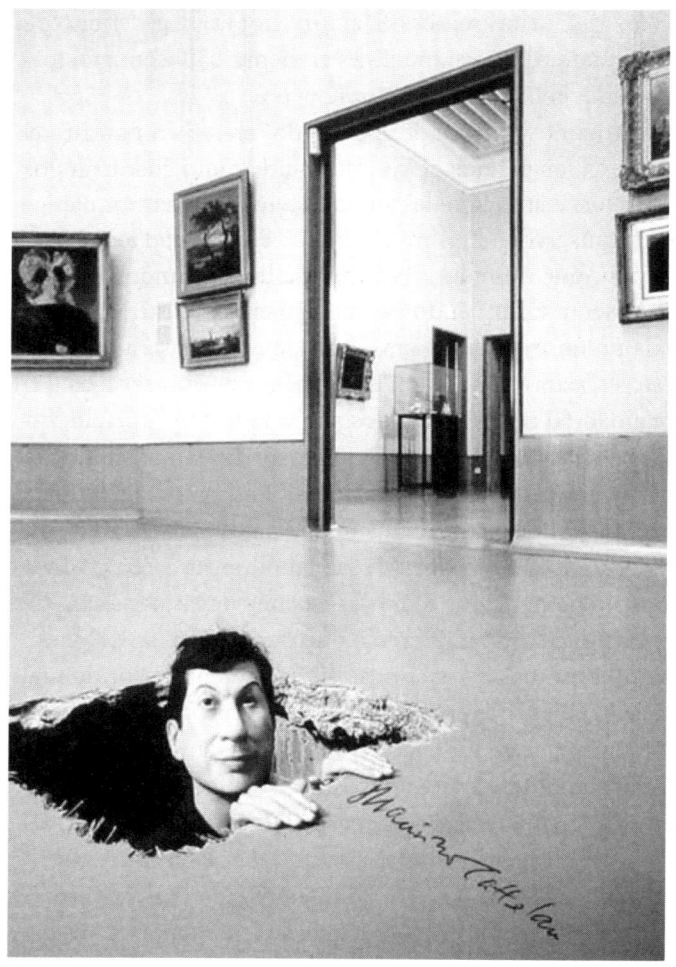

cosa que una materialización de la sugerencia de McLuham de que el medio es el mensaje o, de nuevo ironizando, el *marco es el masaje*.

Si algunos artistas como Fred Forest "enmarcan" el vacío en los medios de comunicación tanto cuanto en los espacios institucionales de la estetización, otros parece que transgreden los límites cuando en realidad los re-instauran, por ejemplo, Mauricio Cattelan cuando se autorepresenta emergiendo por un agujero en el suelo de una sala de un museo para mirar lo que pasa a su alrededor, esto es, para ver un montón de pinturas enmarcadas. En realidad, lo que terminamos por ver es el *imperio del dispositivo artístico*, el "parergon" absoluto, la consumación paradigmática del *menos es más*. "Los muros son bellos cuando son blancos" dirá Zuinglio en su insistente reivindicación de la desnudez de las iglesias. "La 'belleza' de la anti-imagen –señala Stoichita– es una de las paradojas de la época moderna, paradoja que debemos a la Reforma". La pintura más antigua que representa el interior de una colección de arte fue realizada por François Bunel II en 1590 y no presenta cuadros hermosos, sino que propiamente es la escena del desmantelamiento del taller de un pintor; los operarios están cargando cuadros a las espaldas y van saliendo por el extremo de la pintura en una representación original de lo que podría ser el destino de la representación. La cortina de Parrasio no puede ofrecer

29

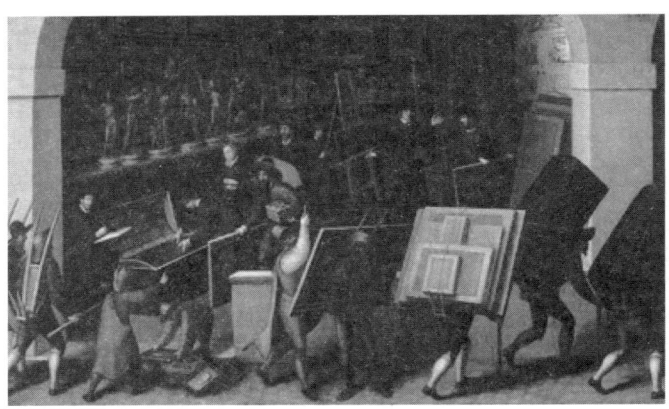

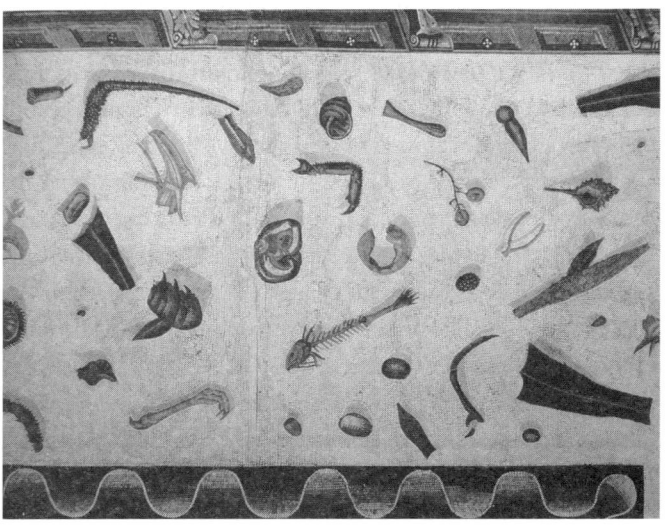

otra cosa que su presencia engañosa de la misma forma que cuando intentamos borrar lo representado quedan siempre marcas en el papel. El mosaico de Soso de Pérgamo conocido en la antigüedad como *Asarotos oikos* (*La habitación sin barrer*) representaba en trampantojo los restos de un banquete. Ahí tenemos un precedente del "bajo materialismo" de Bataille como representación de restos que nos fascinan, el impulso de una estética escatológica. Plinio consideraba que el "placer infinito" que brindan las pinturas deriva de su carácter engañoso. En su autorretrato, Murillo traspasa la superficie invisible de la pintura y parece que acaricia, en sutil trampantojo, el marco ovalado. Uno de los cuadros más fascinantes de este pintor sevillano es el titulado *Niño riendo asomado a la ventana* (1675) que tal vez tenga tanto encanto porque nos hurta aquello que provoca que la felicidad se dibuje en su rostro. Acaso lo que está "fuera de campo" sea lo más importante, lo que falta, el resto que no fue necesario pintar.

Philip K. Dick ya describió el rasgo decisivo de nuestra sociedad: nada significa lo que es, y la propia vida se convierte en obsesivo cálculo de riesgos y posibilidades. La (ridícula) utopía que supone vivir en un *mundo indexado* nos promete que por fin sabremos "dónde están las llaves". Hipnotizados por el eterno retorno de lo mismo, esperando una *frikada* para añadir arena al desierto de los

31

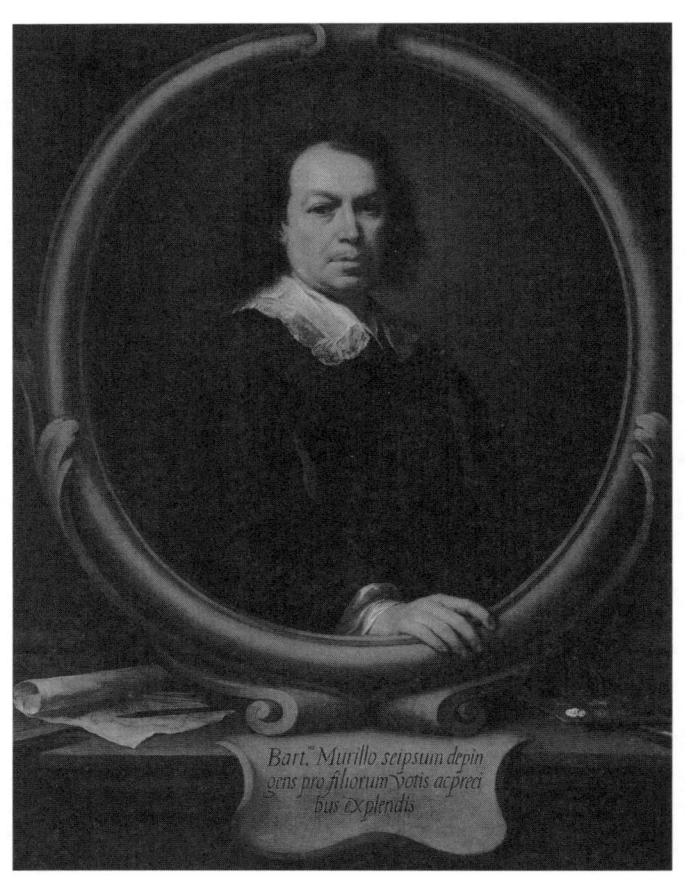

Bart.ᵐ Murillo seipsum depin
gens pro filiorum votis acpreci
bus explendis

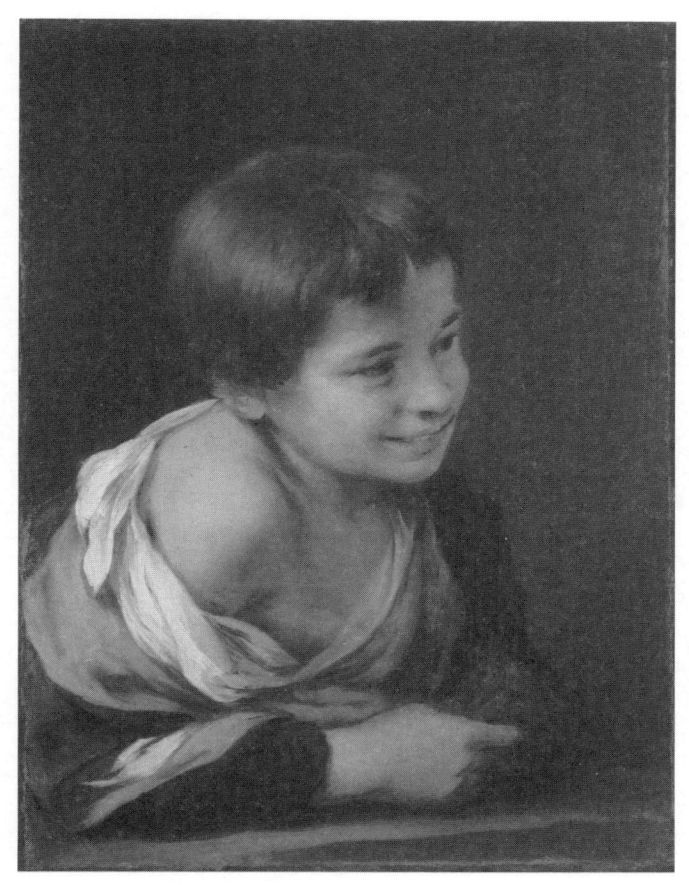

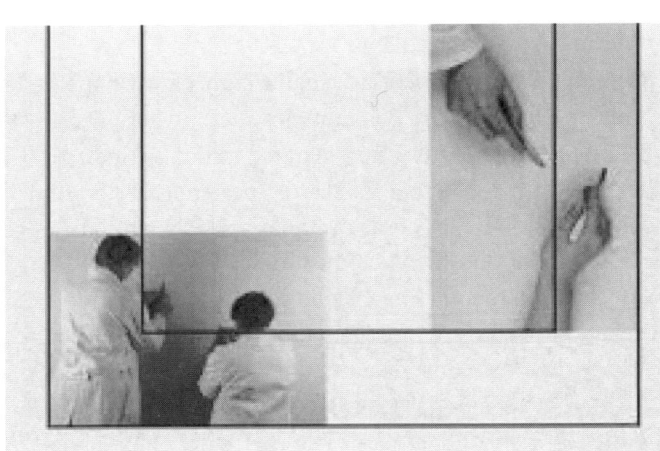

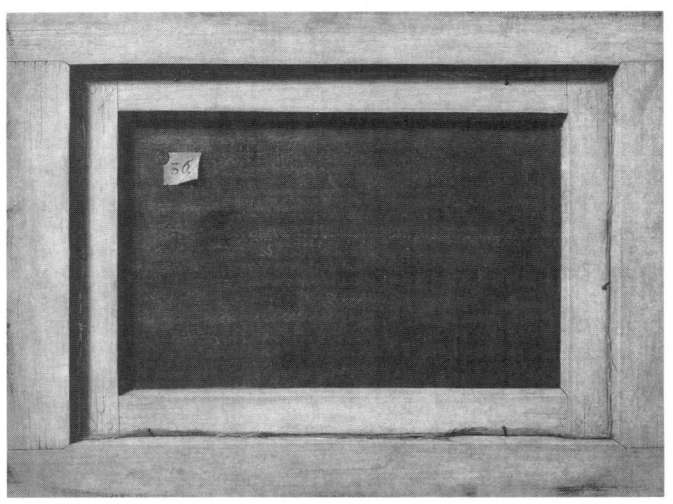

34

"memes", seguimos colaborando en el *enmarcado del reality show* por más que esa visualización para-fluxus de la "vida en directo" haya consumado su esencial decadencia. Estamos literalmente contra la pared vacía. "A nuestro arte de la pintura –escribió Zuccaro– pertenecen no sólo la consideración de las cosas pintadas sobre la pared o sobre el lienzo, sino también, la consideración del propio lienzo y de la pared misma, materia de esta forma". Cuando Hito Steyerl buscaba el color gris en el aula de Theodor W. Adorno (la videoinstalación *Adorno´s Grey* realizada en 2013) venía a repetir la lección de Parrasio pero también reduce la "criticalidad" a un mero discurrir sobre nada. En la estética de *nihilo* tiene un lugar preminente una obra de Cornelius Norbertus Gijsbrechts (realizado hacia 1670-1675) que representa literalmente un cuadro al revés. "El cuadro –recuerda Victor I. Stoichita– debía ser 'expuesto' como simulando. Colocado al nivel mismo del suelo, sin marco, el cuadro tenía que engañar. El aficionado al arte que se le acercase debía sentir el deseo de darle la vuelta para ver lo que el cuadro representaba. Al hacerlo, hallaba sólo una tela (real) tensada sobre el bastidor". El cuadro es literalizado *como objeto*, una representación en-revesada del revés de la pintura, una imagen que no representa nada y que puede ser todo. Aristóteles señaló en un pasaje de la *Poética* que los sentimientos provocados por la tragedia son más fuertes cuanto más entran en conflicto con la opi-

35

nión común. El cuadro que nos *revela el revés* viene a enmarcar la estética de "cualquier cosa", acota y, al mismo tiempo, expande las paradojas del arte cuestionando la veracidad de lo que nos pasa.

Zizek afirma que, si la misión del arte anterior al nuestro consistía en colmar el nicho vacante de la cosa sublime, la gran tarea del arte actual –desprovisto de zonas encantadas, de círculos consagrados– se dirige a conservar el espacio abierto, hacer lugar al lugar. "El problema –afirma en *El frágil absoluto*– ya no es el del *horror vacui*, el de llenar el vacío, sino más bien, el de crear primero el vacío". Recordemos que el cuadro-dentro-del-cuadro incita, como advirtiera André Chastel, a recordar que la obra pintada nunca ha sido pura y simplemente un retazo de la naturaleza, "que es un *artificium*, del cual el espíritu debe sacar partido". En un mundo catastrófico como el nuestro, toda apelación a la naturaleza puede derivar hacia la regresión tardo-romántica, intentando encontrar consuelo en la retórica de la nostalgia. Nosotros hemos escuchado, hace años, la "bienvenida" al *desierto de lo real*, vivimos arrastrados por el *tsunami* de las imágenes virales.

Si Velázquez encontró el motivo de la puerta entreabierta que compuso en el fondo de *Las meninas* en el sofocante gabinete de Teniers, podemos establecer una analogía entre esos espacios de *especulación pictórica* y el literalismo atroz de la pseudo-transparencia-comunicativa contemporánea. Podemos volver a mirar la fotografía, tomada en la Casa Blanca por Pete Souza el 1 de mayo de 2011, que se difundió de "la muerte" de Osama Bin Laden. Una estancia de *control* con el presidente Barack Obama y sus "sicarios": todos están absortos, la mesa está llena de ordenadores, pero todos parecen apagados, ofreciendo superficies negras (casi podríamos apostillar que rinden "homenaje" al icono desnudo de Malévich). Incluso en esa fotografía hay una *puerta entreabierta* y una *imagen real* que no podemos ver. La sombra de *Las meninas* es alargada o, para ser más preciso, siniestra (familiar y extraña por causa de una represión, por emplear terminología freudiana). El prodigioso arte, inequívocamente *político*, de la desaparición nos enreda y enmarca en este proceso en el que acaso la pintura ya no pinta nada.

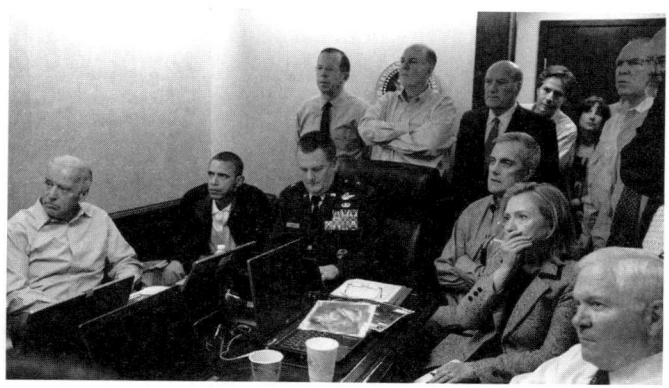

EL ENNOBLECIMIENTO DE LA PINTURA Y LOS ANHELOS CABALLERESCOS DE VELÁZQUEZ.

Aquilino Duque comienza su texto sobre "La España de Velázquez" recordando que el poeta Luis Rosales le dio una lección de hidalguía al decirle que "si los españoles somos 'hijos de algo', es gracias a Cervantes y Velázquez". Sabemos de sobra que Velázquez aspiraba a la nobleza y que, a la postre, encontró el reconocimiento en esa Cruz de Santiago que está pintada sobre su hábito de pintor en *Las meninas*. Este provinciano asimilado en la Corte madrileña tuvo que moverse en labores diplomáticas y algo, sin duda, aprendió de Rubens, el embajador de los virreyes de Flandes. A pesar de las enormes dificultades económicas de la monarquía, durante el reinado de Felipe IV se acrecientan de manera extraordinaria las colecciones artísticas y, en esas compras y trabajos de estricta decoración real, Velázquez va a cumplir su misión, pasando del cargo inicial de ujier de cámara a ser el aposentador mayor de palacio. Tuvo la posibilidad de estudiar a

39

fondo las colecciones que se atesoraban en el Alcázar y en distintos Sitios Reales y, verdaderamente familiarizado con la pintura veneciana y flamenca, viajó en dos ocasiones a la Roma contrarreformista donde compró y copió numerosas obras de arte, entre otras, paisajes de Poussin, pero sobre todo pudo estudiar detenidamente en el Vaticano las imponentes obras de Miguel Ángel y Rafael.

Manuel Bartolomé Cossio señaló que la llamada Escuela Española del siglo XVII no es otra cosa que pintura castellano-andaluza. Y, sin duda, en la formación de Velázquez fue decisivo el ambiente artístico y poético que latía en las tertulias de la casa sevillana de su suegro Francisco Pacheco. La gran pintura española surge de la brillante síntesis de elementos de la pintura y el grabado flamencos con la pintura italiana posterior a Masaccio. Velázquez, dedicado a numerosas tareas cortesanas, pintó menos de un centenar y medio de cuadros, pero bastan detalles, como esa hermosa copa de cristal que nos hechiza con su transparencia en *El aguador de Sevilla*, para que tenga el rasgo de la maestría absoluta. Alfonso E. Pérez Sánchez, en el texto que escribió en el enorme catálogo de la exposición dedicada a Velázquez en el Museo del Prado en 1990, comienza recordando que este pintor ha sido siempre "la cifra y compendio de la pintura española", el autor del cuadro que llego a ser calificado por Luca Giordano como la "Teología de la Pintura"; sin duda, *Las meninas* es, como apostilló Palomino, "lo superior de la Pintura".

En la pintura velazqueña no hay "misticismo", sino más bien una preocupación constante por la verdad que late en la Naturaleza. Sus composiciones mitológicas, el género culto por excelencia, tienen una suerte de "tono menor", introduciéndose siempre la experiencia de lo cotidiano; a través del pincel de Velázquez se humaniza a los dioses olímpicos. En sus cuadros aparece gente humilde y laboriosa, paisanos con arrugas en el rostro y sonrisas francas como aquellos "borrachos" que quitan toda trascendencia a los rituales dionisiacos. Lafuente Ferrari elogió la capacidad que tenía este artista para captar la vida y para penetrar y "salvar" a sus modelos. Incluso cuando retrata a los bufones, no deja de ofrecer *imágenes de la dignidad*, como también sucede en el gesto del Marqués de Spinola recibiendo las llaves de la rendida ciudad de Breda que es, para Manuel García Morente, la perfecta encarnación de la "elegancia española".

Ortega y Gasset llegó al "exceso" de apuntar que no hay más pintura que la italiana; para el pensador de la "deshumanización del arte", Velázquez es, mal que pueda pesar a muchos obsesos "patrioteros", el último gran pintor italiano. Lo cierto es que tuvo que pasar casi un siglo y medio para que Velázquez comenzara a ser valorado como un maestro indiscutible. Propiamente fue la aper-

41

tura del Museo del Prado (1819) lo que posibilitó la "demostración" de la grandeza velazqueña. Si Delacroix propuso unir el estilo de Miguel Ángel con el de Velázquez, Edouard Manet no duda en calificar al español, en las cartas que escribió a Fantin-Latour y Baudelaire, tras visitar el Prado en 1865, como el más grande pintor que jamás haya existido. Sus cuadros no dejaron ya de atrapar a todo tipo de pintores, desde Renoir a Sargent, dejando profunda huella en compatriotas como Rusiñol, Sorolla o Zuloaga. "Esa prodigiosa y casi mágica facilidad –apunta Pérez Sánchez–, que hace fluir sobre el lienzo la pintura con precisión rigurosísima, pero con sorprendente libertad, constituye la fascinación mayor de un artista que no ofrece en modo alguno halagos efectistas al espectador ni imágenes cargadas de resonancias expresivas, fáciles de conectar con el mundo en que vivimos, como sucede con Goya".

El capítulo final de la monografía que Jonathan Brown le dedicó a Velázquez se apunta que, aunque este pintor de príncipes terminaría por convertirse en príncipe de pintores, en realidad no dejó seguidores inmediatos. No solamente carecía de alumnos, sino que ocupa un lugar en solitario: "el más grande de los pintores españoles fue también el menos característico del arte español". Brown sintetiza esa *diferencia*: viajó a Italia mientras sus colegas permanecieron en España, tuvo una amplia educación

42

(siendo algunos de los pintores de la época apenas capaces de leer y escribir) y, según sabemos por el inventario de Mazo y Fuensalida, poseía una biblioteca de 154 libros dedicados no solamente a la teoría del arte sino a cuestiones matemáticas, mecánicas, anatómicas y de arquitectura. Pero, sobre todo, la posición *política* de Velázquez le permitió "redefinir la finalidad y función de su arte", sustrayéndose a los programas de la pintura religiosa. "Uno tras otro, –dice Ortega– los testigos hacen constar que Velázquez no ha ejercido nunca el oficio de pintor, que ha vivido siempre con el decoro y la actitud de un noble, que su pintura es un don, una 'gracia' y no una manera de vivir".

Este pintor de pocas palabras, flemático y con ínfulas de caballero, no fue otra cosa que un hidalgo en el teatro de la grandeza. En cierto sentido su misión fue *estetizar la política decadente* de la Casa de Austria, componiendo "las apariencias" en una monarquía que perdía su esplendor en la geopolítica europea de mediados del siglo XVII. Tampoco podemos olvidar que cuando Velázquez realiza su segundo viaje todavía no ha terminado la insurrección en Cataluña. Los muros de la patria, valga la evocación de Quevedo, estaban desmoronándose y el afán coleccionista de la realeza española tiene el signo de la sublimación del fracaso. El pintor encargado de la decoración de los escenarios del poder cifró y tejió, literalmente, en su cua-

43

dro *Las hilanderas* el mito de Palas y Aracne, esa severa admonición a quienes se atreven a desafiar la autoridad y el poder. Santiago Alcolea Gil sugiere que la "moraleja" contenida en ese cuadro podría aplicarse a Felipe IV y a la política epocal, sedimentada en esa *meta-pintura* una suerte de justificación de la derrota, "honorable pero cierta ante un enemigo superior que imponía su ley". Tal vez esos monarcas que apenas son visibles en el espejo de *Las meninas* puedan ser interpretados, desde nuestra mirada marcada por las sugerencias que Foucault hiciera en el comienzo de *Las palabras y las cosas*, como la aparición "espectral" de un poder que comenzaba a borrarse.

Velázquez buscó obsesivamente el "ennoblecimiento" de la Pintura, consiguiendo que en su hábito, acaso trazada por la mano del Rey, surgiera la cruz del caballero. Ortega señaló que Velázquez es "uno de los hombres menos prensiles que haya existido. Vivir va a ser para él mantenerse distante. Su arte es la confesión, la expresión de esta actitud radical ante la existencia. Es el arte de la distancia". La virtud de este pintor (contemporáneo del conceptismo barroco y retratista de la dura mirada de Góngora) fue, en el arte de la vida, la frialdad (un rasgo que no tiene nada de típicamente "español"), aunque lo que sentimos en sus cuadros es el latido de lo cotidiano, el calor cordial de una mirada humanista que plasmó la Verdad.

LA VERDAD EN EL ESPEJO.
[AFINIDADES PICTÓRICAS ENTRE REMBRANDT Y VELÁZQUEZ]

El dos de octubre de 1669, llega a la casa del Rozengracht donde malvivía Rembrandt un tal Pieter van Brederode, tendero y entusiasta de la heráldica, atraído por el rumor de que el pintor posee un casco del temible caballero Gerard van Velsen. Sabemos, gracias a ese fisgón, que el pintor holandés tenía en ese momento, entre otras baratijas, el casco de "un general romano", "un filósofo nazareno" muy antiguo, y también aquellos "cuatro brazos y piernas desollados" supuestamente diseccionados por Vesalio. Dos días después, Rembrandt muere y el cinco de octubre el notario hace la lista de los bienes de esa casa: cuatro cortinas verdes de encaje; candelabros de peltre, de mano de mortero y de bronce; platos de loza; corbatas viejas y nuevas; seis fundas de cama; cuatro sillas corrientes; y un espejo viejo en una percha. Pero además quedaron sin enumerar gran cantidad de "rarezas, antigüedades, cuadros y dibujos". Ese artista que había

45

vivido abrumado por las deudas apenas dejó otra cosa que una pequeña bolsa de dinero, guardaba bajo llave en un armario, dentro de la cual había otra bolsita con un poco de oro, apenas lo justo para conseguir pagar a los porteadores del féretro. "No hubo –escribe Simon Schama en *Los ojos de Rembrandt* (1999)– ningún tañido de campanas prolongado como los hubo para Karel van Mander o Pieter Lastman; ninguna efusión de elogios como hubo para Govert Flinck; ningún banquete, poema, lamentación u oraciones dichas por el descanso de su alma de una punta a otra de la ciudad, como las hubo para Pedro Pablo Rubens; sólo una caja que se depositó en una fosa alquilada bajo el suelo de la iglesia". Muy distinto fue el duelo por Velázquez que incluso dejó, literalmente, "abatido" al rey que le había elevado a una noble dignidad. Estos dos pintores que representaron a los filósofos, siguiendo el estilo inaugurado por José de Ribera, como personas humildes y hasta harapientas, llevaron la pintura hasta la mayor *nobleza*, acentuando las texturas, dejando singulares huellas del proceso en sus lienzos.

Jean Paris apunta en su hermoso libro *El espacio y la mirada* (1966) que si Rembrandt es el pintor más grande del pensamiento lo es porque la figura humana, en cualquier situación que se encuentre, no tiene para él más que el valor de una interrogación: "No es inmovilizándonos al estilo de la medusa, sino preguntándonos, como domina

46

esta mirada. Incluso detenida sobre nosotros, se ofrece en sacrificio: muere bajo nuestros ojos para que, penetrándola, accedamos a nuestras propias tinieblas. Entre *Homero* (Mauritshuis) y *Aristóteles contemplando el busto de Homero* (Nueva York, Metropolitan) ¿cuál de los dos es el más ciego? Esos ojos ahogados de sombra y de muerte no ven ya nuestro mundo. Y para todos esos *Rabinos*, para todos esos *Viejos* al borde de la nada, hace mucho tiempo que lo visible ha desaparecido". Por su parte, la maestría velazqueña se condensó en *Las meninas* que es, como Foucault advirtiera en *Las palabras y las cosas*, el momento culminante del repliegue de la pintura sobre sus propias condiciones de posibilidad, con toda una especulación sobre el poder de la mirada.

Tanto Rembrandt como Velázquez tuvieron un extraordinario afán por humanizar lo que pintaron. Los dioses o los sabios de la antigüedad de sus obras son hombres de carne y hueso como puede advertirse cuando contemplamos *Los borrachos* de Velázquez (una cruda y significativa forma de hacer terrenal el mitológico tema del triunfo de Baco) o el *Autorretrato como el apóstol san Pablo* de Rembrandt del que dijo Goethe que pintó a la Virgen como si fuera una campesina holandesa. El realismo de esto artistas tiene algo de reacción contra el idealismo, asumiendo planteamientos que derivan de Caravaggio. Esa tendencia a aproximarse a la realidad cotidiana

47

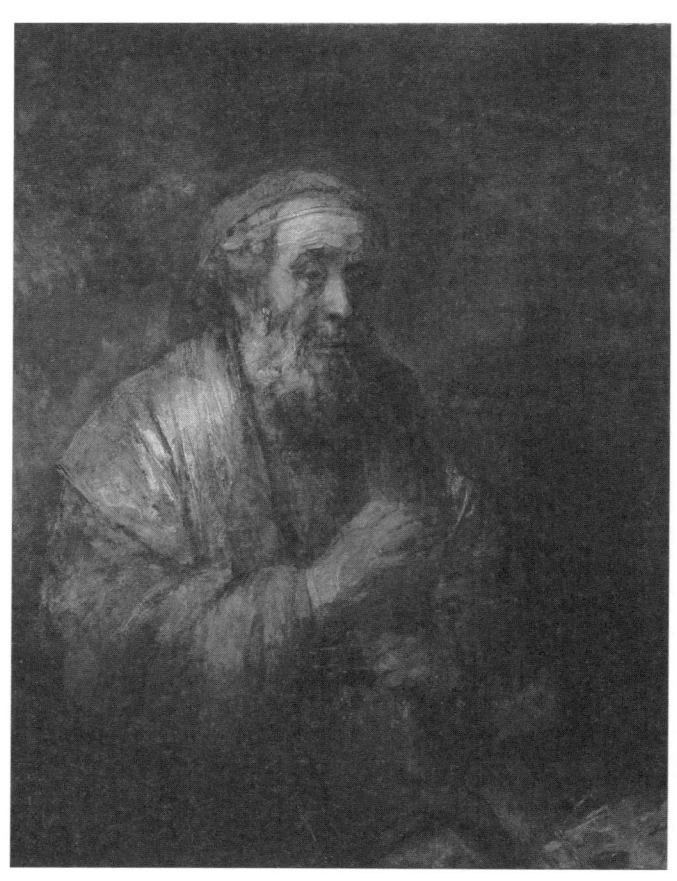

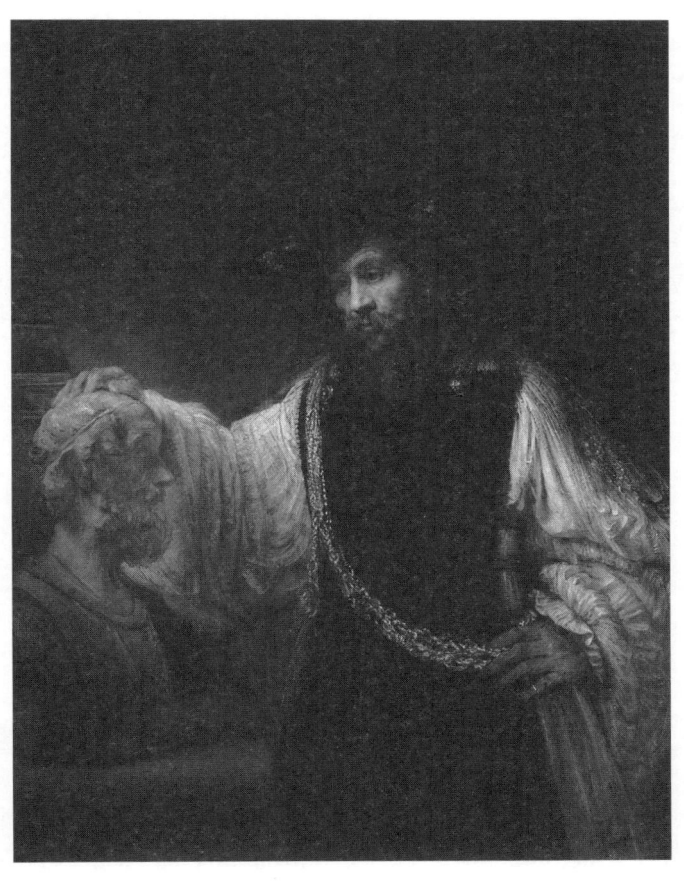

comenzó a declinar en Italia y en Francia entre 1620 y 1630, imponiéndose un tipo de pintura más luminosa y clasicista, aunque en España y Holanda siguió teniendo mucho prestigio y numerosos seguidores. Alejandro Vergara advierte, en el texto del catálogo de la exposición *Velázquez, Rembrandt, Vermeer. Miradas afines* (Museo del Prado, 2019), que ninguno de estos artistas pintó sencillamente la realidad que veía, "por el contrario, sus cuadros son el resultado de una cuidadosa y sofisticada labor creativa que paso a paso alcanza el efecto deseado por el artista". Sus cuadros son ficciones cuidadosamente diseñadas para ser verosímiles, pero sin pretender ser "la verdad".

Antón Rafael Mengs, en su carta a Antonio Ponz, publicada en 1776 en el tomo VI del *Viage de España*, incluye a Velázquez y también a Rembrandt entre los artistas que representan el "Estilo natural o de la naturaleza". Francisco de Goya, según su hijo Javier (en una biografía de su padre que escribió para la Real Academia de San Fernando en 1831), también vinculó a estos mismos artistas: "Observador con veneración de Velázquez y de Rembrandt, no estudió ni observó más que la naturaleza, que decía era su maestra". Artistas como Courbet, Manet, Vincent van Gogh o John Singer Sargent fueron fervorosos admiradores de Rembrandt y Velázquez, elogiando en ellos el "estilo natural", "colorista" o la sensación de "verdad".

Aunque hay afinidades estéticas entre Rembrandt y Velázquez, tenemos que recordar que la presencia de la pintura española durante el siglo XVII fue escasa. Según recuerda Teresa Posada Kubissa, la primera referencia, y única en textos españoles de esa época, a un pintor holandés concreto, pero que es ni más ni menos que Rembrandt, la encontramos en el tratadista y escritor Fernando de la Torre Farfán en la descripción que hace de las celebraciones organizadas en 1665 por la iglesia de Santa María la Blanca de Sevilla con motivo del breve pontificio de Alejandro VII a favor del misterio de la Inmaculada Concepción. Una de esas celebraciones fue una exposición pública de pintura –la primera de la que hay constancia en el siglo XVII español– que quedó instalada en una galería construida *ex professo* en el exterior del templo. Pues bien, entre los "pocos de los pinceles extranjeros, bien lo que hoy ilustran las colores, o los que ya hicieron vivir la pintura", Torre Farfán menciona a Tiziano, Rubens, Artemisia Gentileschi y Rembrandt. La presencia de estampas de Rembrandt en los talleres españoles queda constatada por su evidente utilización como fuente iconográfica y compositiva por parte de distintos pintores como Murillo en dos escenas principales, *La curación del paralítico* y *La vuelta del hijo pródigo*.

Si en Holanda, Rembrandt tuvo éxito, especialmente en la década de 1640, también recibió duras críticas como la que lanzó el dramaturgo Adrian Pels que le calificó como "el primer hereje de la pintura", un artista de talento que había decidido echarse a perder: "¡Qué vergüenza que en nombre del arte –declaraba exaltado Pels–, una mano tan capaz no haga mejor uso de sus talentos innatos! Pero, ¡ah!... Cuanto más noble es el hombre, más salvaje se vuelve si no consigue ceñirse a las riendas de unas reglas". Ciertamente se había librado del academicismo y estaba entregado, casi de forma perversa, a cartografiar los rasgos más desagradables del cuerpo humano, desafiando a todos con sus poses ante el espejo, componiendo más de cuarenta autorretratos, pero también generando espacios tremendamente sombríos. Alois Riegl admira, en su crucial libro *El retrato holandés de grupo* (1902), el "espacio interior tan determinado" de la *Lección de anatomía* (1632) de Rembrandt: "No cabe duda: esta habitación con oscuridad espacial, que la llena en todos sus ángulos, nos hace conscientes, de una forma inaudita hasta entonces, de que la escena de las figuras tiene lugar en un espacio libre. No se ven sólo, como había sucedido hasta entonces, las figuras, sino también el espacio libre que las rodea". Esa imponente sensación de espacio también se impone en *Las meninas* con ese aire que, como dijera Dalí, es tal vez lo que tendría que salvarse si el Prado estuviera en llamas.

Para Simmel, la objetividad velazqueña estaba también caracterizada, en comparación con sus pares (Rafael y

52

Tiziano, Durero y Holbein, Rembrandt y Hals) carente de color, "aunque ciertamente no de determinación o significación". Como a Rembrandt, lo que les atrae es la inagotable dinámica de la vida, el deseo de representar la emoción de los hombres. Si Velázquez buscó, en su medrar cortesano, la nobleza, Rembrandt soñaba con el boato, disfrutando con lo exótico; mientras el español tuvo la responsabilidad de componer las colecciones reales y fijar el canon, el holandés fue un coleccionista compulsivo que en 1656 fue declarado en bancarrota y tuvo que enajenar la totalidad de sus bienes. Justamente ese año Velázquez pintó *Las meninas* en las que se incluye con toda la dignidad imaginable, en una posición muy diferente a la que tiene Rembrandt en *La ronda de noche* (1642) escondido detrás de todas las demás figuras, apenas visible uno de sus ojos y la gorra con la que se retrató en tantas ocasiones.

Tanto Velázquez como Rembrandt no cejaron en su voluntad de *pintar la pintura*. Este gusto por lo que la pintura tiene de material y de factura "que nunca se disocia, en estos artistas –apunta Alejandro Vergara en el catálogo de *Rembrandt. Pintor de historias* (Museo del Prado, 2008)–, del contenido de los cuadros: el pintor, al querer transmitir intensamente, acaba fijándose en los medios que usa para comunicarse y nos convierte en cómplices de ese esfuerzo". En su célebre *Conceptos fundamentales del arte* (1915), Heinrich Wölfflin establece la evolución del arte europeo desde una forma de pintar que denomina "lineal" (siendo decisivas las líneas que definen los contornos de las cosas) a otra que llama "pictórica, donde las pinceladas no coinciden con aquello que describen y los contornos se confunden con lo que contienen, siendo ejemplos paradigmáticos de esta última forma de pintar Hals, Velázquez y Rembrandt. Si Giorgio Vasari se refiere en la segunda edición de sus *Vidas* (1568) a una *pittura di macchia* para dar cuenta de la estética de Tiziano, en España varios autores utilizarán la palabra "borrón" para referirse a esa técnica veneciana. Jerónimo de San José escribió en 1651: "Cansado el Tiziano del ordinario modo de pintar dulce y sutil, inventó aquel otro tan extraño y subido de pintar a golpes de pincel grosero". En cuadros como *Mujer bañándose en un arroyo* (1654) de Rembrandt o el *Marte* (1638) de Velázquez podemos apreciar el grado de sublimidad que puede conseguirse con esas "groserías" procedimentales.

Burckhardt apuntó que a Rembrandt dibujar le suponía un gran esfuerzo y, además, nunca se sentía satisfecho, incluso parecía que elegía mal a propósito sus modelos, "puesto que se sentía incapaz de hacer justicia a la belleza". Sin embargo, lo insignificante e incluso lo feo terminan en los cuadros del artista holandés por transfigurarse casi de forma mística. Si llegó a pintar incluso con los dedos, evitaba, en la medida de lo posible, representar las manos o las convertía en un remolino como en el magnífico *Autorretrato con paleta y pinceles* de 1662. Andrew Small ha establecido (en el libro *Essays in Self-Portraiture. A Comparison of Technique in the Self-Portraits of Montaigne and Rembrandt*, Nueva York, 1996) un paralelismo entre Montaigne y Rembrandt como los primeros que pusieron en práctica "la ficción de un sí-mismo coherente". Tal vez esa especie de obsesión narcisista no fuera otra cosa que un trabajar con *el sujeto que tenían a mano*, esto es, ellos mismos.

Frente a la *real majestad* de los retratos de Velázquez, las "especulaciones" de Rembrandt son ejercicios para atrapar el carácter, análisis de la huella que el tiempo deja en el rostro. Rembrandt se planteaba, cuando se plantó ante el espejo, no sólo preguntas sino "un programa" que consistía en asumir distintos papeles con objeto de plasmarlos en una imagen. "Cada pose –advierte Jean Paris– denuncia que el resto resultan insatisfactorios. Así se produce una serie ininterrumpida de máscaras". A veces se representa como pintor del Renacimiento o está junto a un caniche gigante, en ocasiones lanza una mirada desafiante y en los últimos parece obsesionado con las arrugas que encuentra en el reflejo especular.

El influyente crítico Roger de Piles señaló que los cuadros de Rembrandt recaen "en el mal gusto que les es familiar" y consideraba a los Velázquez carentes del "*bel air*". Según cuenta Burckhard, si algún cliente intentaba acercarse para examinar un cuadro desde el punto de vista de los medios empleados, Rembrandt hacía retroceder al curioso diciendo: "¡Le ve a molestar el olor de la pintura!". Puede que esas pinturas tuvieran *mal olor* dando la impresión, tal y como dice crudamente Jean Genet, de que estuviéramos en un establo y los personajes se encontraran de pie en el estiércol. Gérard de Lairesse llegó a recomendar que todos los artistas jóvenes "con aspiraciones" se apartaran de Rembrandt que le había retratado en 1665 porque hacía que la pintura "chorreara por la superficie del lienzo como *dreck* (estiércol)", aunque en 1707 tuvo que reconocer lo mucho que le admiraba: "Algunos pensaban –y siguen pensando– que todo lo que el arte del pincel puede conseguir estaba al alcance de sus poderes y que sobrepasa a todos los pintores más famosos desde su tiempo hasta la actualidad".

En su último autorretrato (1669) se carcajea dulcemente, dispuesto, como sugiere Hans Belting, a desenmascararse para, valga la paradoja, mostrar la última "máscara" que es, ciertamente, grotesca. Rembrandt que ha tenido que sufrir la muerte de seres queridos y ha estado rodeado por la peste se identifica con Demócrito, el filósofo de la melancolía risueña, pero, también, alude a Zeuxis que, según recordó el tratadista holandés Karel van Mander

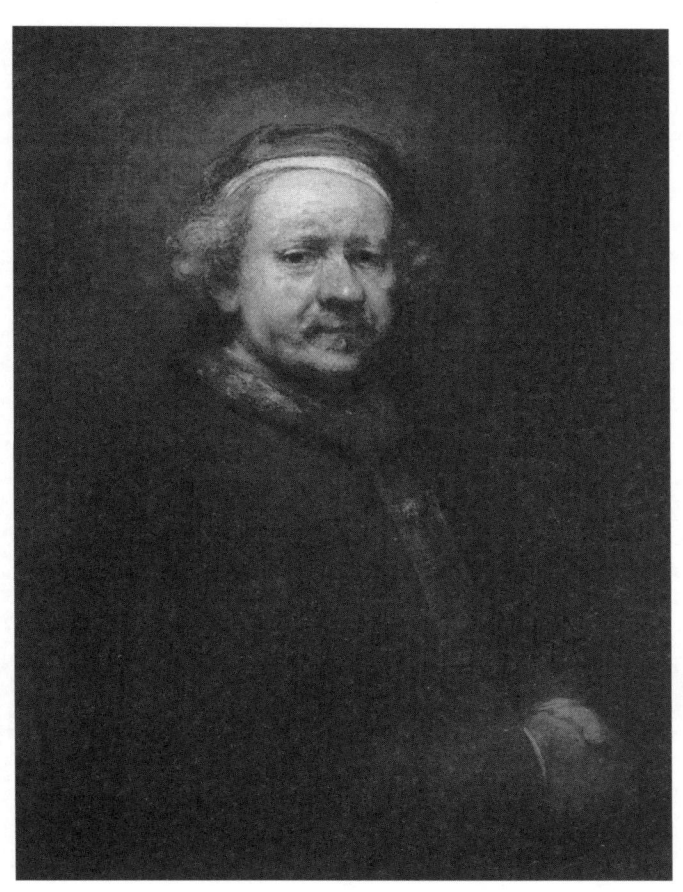

(1548-1606), se murió de la risa que le provocó la fealdad de una vieja que estaba pintando. Con ojos miopes se inclina hacia el espejo, con el tiento en la mano; ahí no se reflejan los reyes de Las meninas sino solamente un demacrado rostro tan rojo que, como Genet escribiera, "hace pensar en una placenta secada al sol". Al final Rembrandt no deja de tratar de expresar la compasión, esa ternura de la mano del amado en el pecho de *La novia judía* (1662) o la del niño sobre el pecho de la madre en el *Retrato de familia* (1666). En esas caricias está la verdad elusiva de Rembrandt esa bondad que tanta afinidad tiene con la nobleza de la pintura soñada por Velázquez.

VISIONES CAPITALES Y SOMBRAS DE MELANCOLÍA EN CARAVAGGIO

Bellori, en su *Vite de´pittori, scultori ed architettti moderni* (1672), censuraba a Caravaggio por faltarle invención, decoro y diseño, ignorando, por tanto, "la ciencia de la pintura"; su obra carecía de profundidad y, lo peor de todo, faltándole el modelo, desaparecía la mano. Si Dante presenta en uno de sus versos al artista como alguien que tiene un hábito y también una mano que *tiembla*, la impresión de las composiciones caravaggiescas es que todo ese "momento" fue realizado sin dudas, prescindiendo de la guía dibujística. Era, en todos los sentidos, un sujeto errático, que, como advirtiera Susinno, dando cuenta de sus andanzas postreras en Sicilia, dejaba siempre "la huella de la locura". Entre otras cosas disparatadas, se cuenta que solía comer sobre una tabla de madera en la que por mantel tenía un antiguo retrato. Giulio Mancini en sus *Considerazioni sulla pittura* (1617-1620) considera que Caravaggio hizo alguna extravagancia "debida a su carácter fuerte y arrojado". Tal vez este tipo de carácter excesivo fue influenciado por Carlos Borromeo, el arzobispo de Milán que tenía una visión *extremadamente sombría* de la naturaleza humana (corrompida por el pecado e inclinada al mal), defensor de un arte que tuviera por misión educar a los espectadores e incitar a la penitencia.

Michelangelo Merisi da Caravaggio sobrevivió en su infancia a la peste y desplegó su estilo dramático en plena Contrarreforma, decantándose en cierto sentido hacia la devoción franciscana, en sintonía con los ejercicios espirituales ignacianos o incluso encarnando planteamientos de Felipe Neri, el fundador de la Congregación del Oratorio, que consideraba que el mejor remedio para la sequía del espíritu es presentarnos siempre, ante Dios y los santos, como mendigos. La descarnada pobreza de algunas imágenes de Caravaggio también tiene que ver con el viaje espiritual del Sacro Monte y con el devoto realismo popular que se encuentra en los grupos escultóricos de terracota realizados por algunos artistas de Emilia-Romaña y Lombardía entre los que destacan Guido Mazzoni y Niccolò dell'Arca.

Caravaggio "educó" su mirada en un tiempo despiadado y así en su *Medusa* (1597), pintada sobre un escudo, fijó una *visión capital* de impresionante ferocidad. Burkhardt, con sarcasmo, señaló que parecía el rostro de

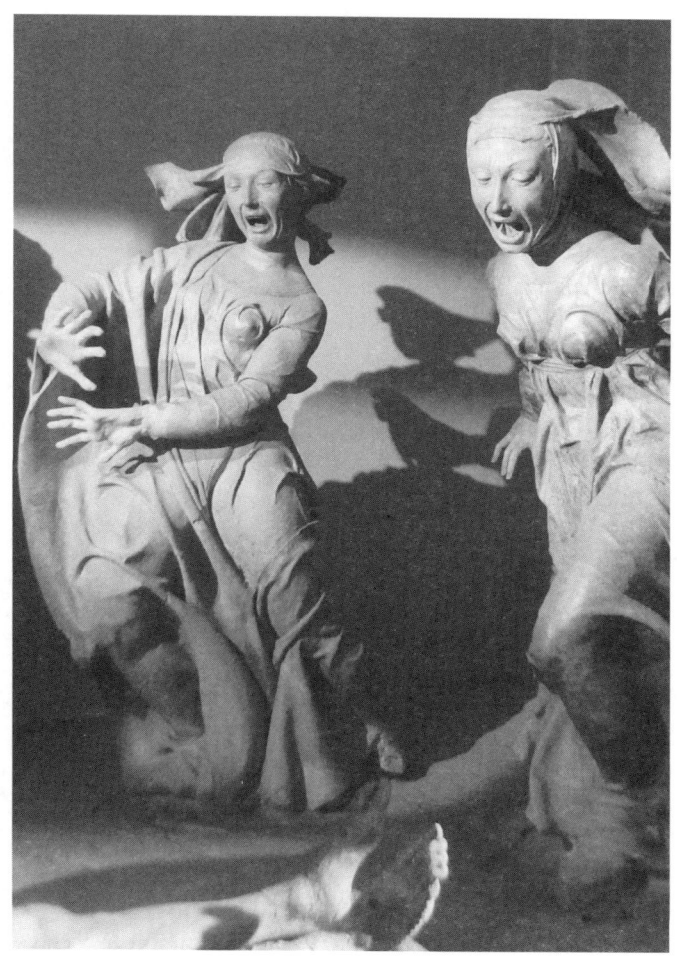

61

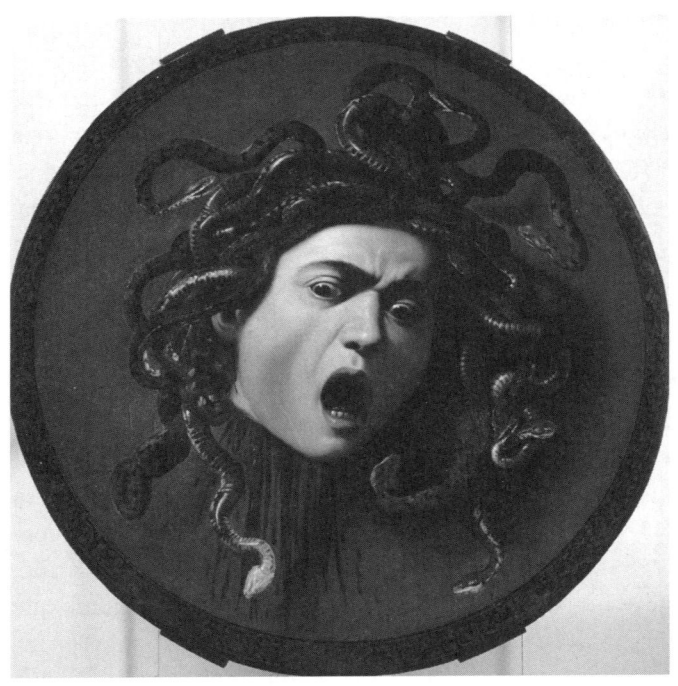

alguien a quien acabaran de sacarle una muela. Ese autorretrato con serpientes vivas del Tiber era un apóstrofe
descarado, la revelación de la cualidad petrificadora de la
pintura. La Medusa que, en la *Iconología* de Cesare Ripa,
es el símbolo de la victoria de la razón sobre los sentidos,
enemigos "naturales" de la virtud, adquiere en este *escudo
especular* un tono atroz, como si la castración (en clave

freudiana) fuera inevitable. Uno de los mayores dones de Caravaggio era la empatía y así se autorretrató, en bastantes ocasiones, dejando que en sus sombríos lienzos se asentara el fantasma de la melancolía que recorría Europa. El narcisismo y el desenfreno excéntrico, que se entretejían con el aire taciturno, el abatimiento y la risa, hacían que Demócrito sirviera como "portavoz" de la monumental *Anatomía de la melancolía* (1621) de Robert Burton. Caravaggio adopta el aspecto de Baco, pero con la sensación de que está sufriendo, como si la promesa de satisfacción sensual estuviera cercenada. El dios del desorden y la pasión está transformado en un joven pálido y melancólico; tal y como apunta Helen Langdon en su libro sobre Caravaggio (publicado por la editorial Edhasa en 2010), la divinidad de la inspiración poética y la cordialidad, se ha convertido en un joven romano enfermo, de uñas bastas y sucias, vestido con un ligero atuendo que evoca cierto clasicismo. Esta pálida figura de labios grisáceos parece reflejarse en las uvas que no evocan la dulzura, sino que arrastran la sombra de una profunda melancolía.

El recuerdo de las uvas de Zeuxis que los pájaros querían picotear retorna en los prodigios miméticos de Caravaggio. Incluso su rival Giovanni Baglione tuvo que reconocer que en esos cuadros de Caravaggio en los que aparecen jóvenes músicos "todo parece vivo y real", como en ese jarrón de flores lleno de agua "en el que se refleja una ventana y otros objetos en el cuarto y, sobre las flores,

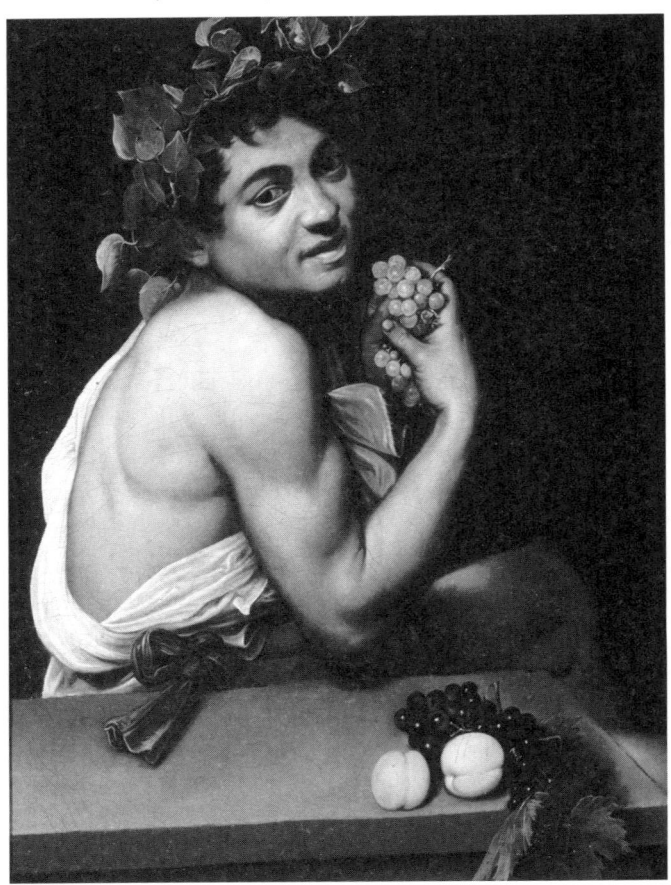

gotas de rocío imitadas finamente". Louis Marín, en su libro *Destruir la pintura* (Ed. Fiordo, Buenos Aires, 2015), indica que la paradoja de Caravaggio consiste en copiar tan servilmente la verdad de lo que aparece "que *la representación pictórica no es más que un efecto*, o la verdad es el efecto del cuadro y no su origen". Estaríamos ante el escándalo de pinturas "demasiado verdaderas", petrificados por el *poder meduseo* del simulacro, estupefactos ante el *trompe-l'oeil*. El lombardo que despreciaba tanto las soberbias esculturas de la Antigüedad cuanto a Rafael, tuvo el descaro de realizar *ardides teatrales*, como si él mismo fuera uno de los tahúres que pintó tempranamente. Conocía a la perfección los bajos fondos, era un asiduo de los garitos y, cuando pintó a la seductora gitana de *La buenaventura* (1594), tenía claro que el pintor no es otra cosa que un fingidor, alguien que es capaz de robarnos la mirada. Antes de que la oscuridad dominara sus cuadros, pintó *El tañedor de laúd* (1595) que puede estar protagonizado por el castrato español Pedro Montoya; los ojos del joven están llenos de lágrimas mientras interpreta los madrigales del compositor flamenco Jacques Acadelt en los que el amor cortés fluye en metáforas melancólicas como la del frío corazón de una mujer orgullosa o la belleza que ciega como el sol. Las flores están manchitas y la atmósfera es agridulce, el laúd expresa sentimientos delicados, pero también dureza, la música lleva del lamento y la queja a la gracia y las prometidas maravillas. El aire del laúd fue una de las terapias más recomendadas contra la tristeza, un bálsamo que aliviaría la sinuosidad del espíritu, aunque también, a la manera del fármaco, puede provocar profunda melancolía.

Marsilio Ficino recomendaba la música a los estudiosos y poetas para esquivar la sombra de la melancolía; la vibración de los sonidos "sutiliza" el aire y la mente, aturdida por su desconcierto interior, se equilibra y calma. La más impresionante armonía se encuentra también en el *Cesto con frutas* (1596) de Caravaggio que se conserva en la Biblioteca Ambrosiana de Milán. Esa serena belleza

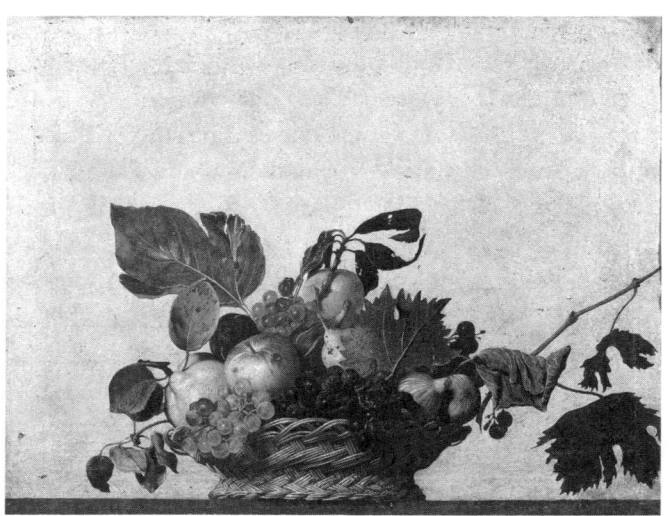

está marcada por el paso del tiempo, los frutos ya no están lozanos, como es evidente en la manzana que está agusanada o en dos de las uvas que se han convertido en pasas. "La transitoriedad de la naturaleza –apunta Andrew Graham-Dixon en *Caravaggio. Una vida sagrada y profana* (Ed. Taurus, 2016)– está unida a la precariedad. La entropía y el temor a caer están unidos en la mente del pintor". Ese perfecto bodegón impone la meditación sobre la vanidad del mundo. Las frutas que están a punto de pudrirse trazan el sombrío camino hacia la calavera, como esa que sujeta *San Francisco en oración* (un cuadro que puede verse en el Palazzo Barberini de Roma) o aquella que está en el extremo de la mesa en la que escribe *San Jerónimo* (una obra expuesta en la Galería Borghese), el santo que personifica la melancolía cristiana, indicando en sus *Epístolas* que "quien siempre piensa que es mortal, lo desprecia todo con facilidad". El *contemptus mundi* de los sermones tardomedievales y la *Imitatio Christi*, así como el ejemplo de Carlo Borromeo predicando en andrajos pueden haber gravitado en el severo imaginario de Caravaggio, declaradamente antimanierista, entregado a la realización de obras religiosas en las que los "protagonistas" son gente común y corriente, ejemplos de pobreza militante.

Felipe de Guevara identificó, en sus *Comentarios de la pintura* (1560), un tipo de artista melancólico saturnino,

airado y mal acondicionado que, aunque quería "pintar
ángeles y santos, la natural disposición suya, tras quien se

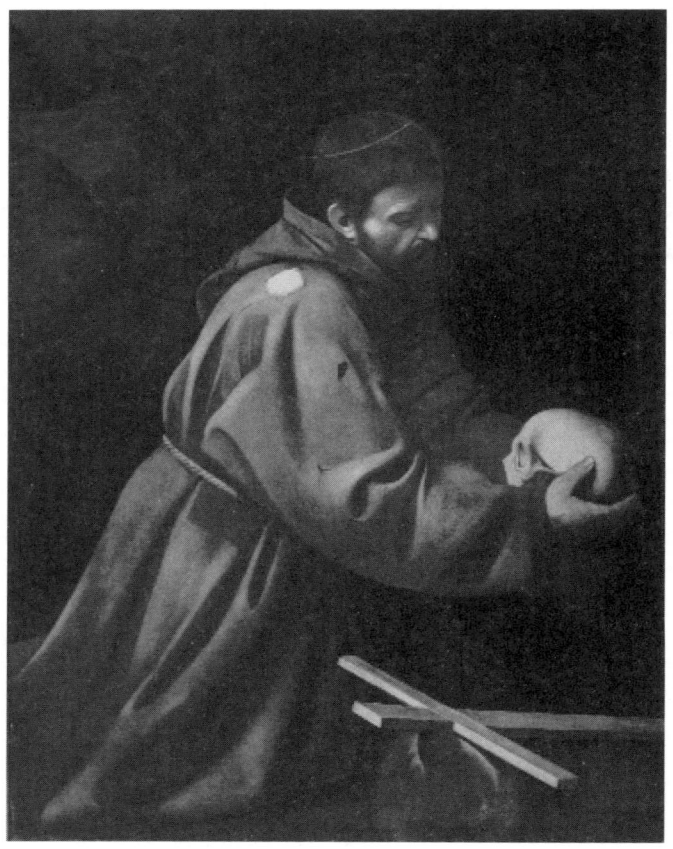

va la imitativa, le trae inconsideradamente a pintar terribilidades y desgarros". Caravaggio tenía esos rasgos atrabiliarios y, según confesarán algunos de sus contemporáneos como el pintor holandés Karel van Mander, era un tipo *intratable*, siempre dispuesto a meterse en una pelea o discusión. Su pintura era muy agradable y extraordinariamente hermosa, a lo que añadía Mander que "no da una pincelada sin tomarla directamente de la vida". En su

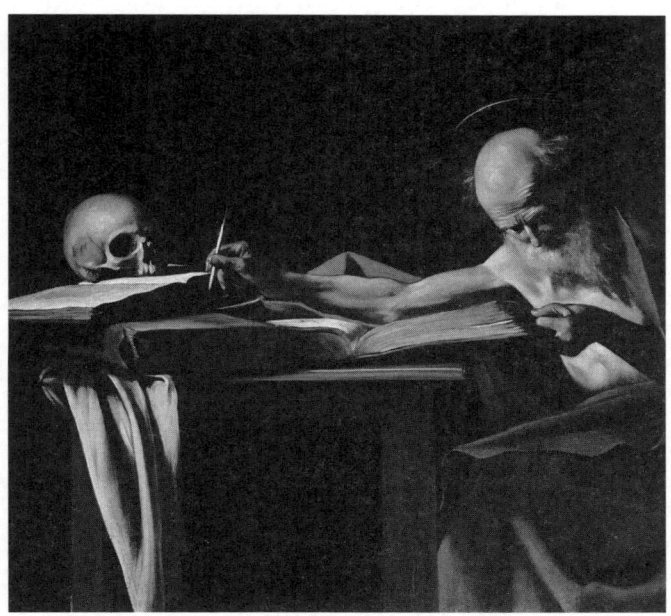

existencia pasó por episodios bastante turbulentos, dando rienda suelta a su carácter pendenciero. Mancini realizó unas anotaciones marginales, en el manuscrito de su *vida de Caravaggio* que se conserva en la Biblioteca Marciana de Venecia, que, a pesar de su tono entrecortado, vendrían a "aclarar" que la salida precipitada de Milán puede tener causas delictivas: "Cometieron un asesinato. Prostituta rufián caballero. Rufián hiere a caballero prostituta graba insulto en la piel con cuchillo. *Sbirro* muerto. Querían saber qué cómplices [...] Estuvo en prisión un año y quiso vender su propiedad. En la cárcel no confesó vino a Roma y no volvió a hablar de ello". En Roma pululaba por la noche acompañado por una cuadrilla de pintores-espadachines, maleantes declarados que vivían de acuerdo al lema *nec spec, nec metu* (sin esperanza ni miedo). El 26 de mayo de 1606, en la Via Pallacorda, Caravaggio acabó (en lo que puede haber sido un duelo) con Ranuccio Tomassoni con el que acaso tenía rivalidad por su común proxenetismo. Aquellas prostitutas que posaron para imágenes devocionales puede que también aportaran otros beneficios al colérico pintor.

Este artista que no dibujaba tenía la muñeca suelta del espadachín, vehemente y sombrío, como esos artistas intoxicados de albayalde y bermellón, colores, literalmente, deprimentes. Su comportamiento volátil parecía oscilar entre la piedad de Cuaresma y la algazara de Carnaval.

Baglione consideraba a Caravaggio como un "hombre sarcástico y altanero" que desconsideraba a otros pintores y pensaba que sus obras habían superado a todos los de su profesión, "algunos, no obstante, le consideran culpable de estropear la pintura". Fue Poussin quien, según leemos en las *Entretiens sur les vies et les ouvrages des plus excellents peintres anciens et modernes* (1666) de Félibien, había venido al mundo "para destruir la pintura". Recordemos la descripción que hacía de este "asesino de la pintura" un barbero romano como "un joven fornido, con barba negra más bien rala, cejas pobladas y ojos negros [...] vestido de negro". Bellori apunta que el estilo de Caravaggio se corresponde con su fisonomía y aspecto: "tenía la tez oscura y ojos oscuros, y las cejas y el pelo negros; esto se reflejaba de forma natural en sus pinturas [...] Movido por su naturaleza, se ceñía al estilo sombrío que está vinculado a su temperamento perturbado y pendenciero". Artista claramente melancólico, lleno de oscuros presentimientos, camuflado en la noche romana, negligente en el aseo, vistiendo ropa que no se quitaba hasta que se caía a jirones.

"Desde el siglo XV –advierte María Bolaños en su texto en el catálogo de la exposición *Tiempos de melancolía. Creación y desengaño en la España del Siglo de Oro* (Museo Nacional de Escultura, Valladolid, 2015)– se combate la idea medieval de la tristeza como una fisionomía del pecado y se arrincona, en lo posible, su asociación con el sentimiento de culpa y falta moral. Junto a la vilipendiada enfermedad, crecida bajo el signo de Satán, la melancolía se intelectualiza, se convierte en una refinada tragedia espiritual y en signo del talento metafísico del creador moderno, de su energía mental; de esa *pazzia* han dejado sentidos testimonios Miguel Ángel o Pontormo". En el *Problema XXX* atribuido a Aristóteles se asocia a los melancólicos con la excepcionalidad, siendo atrabiliarios los poetas, filósofos, príncipes y artistas más admirables. Desde Hipócrates hasta el Renacimiento, la teoría de los temperamentos advierte que el melancólico es el que tiene los síntomas más nefastos: está permanentemente triste, tiene ideas fijas, está obsesionado por la salud, no puede dejar de pensar en la muerte, aunque también tiene repentinos delirios de grandeza. Algunos cuadros de Caravaggio causaron escándalo por detalles como los pies sucios que pintaba que venían a proponer una "materialización de lo sagrado" o, en otros términos, una estética de lo humilde. El artista arrogante, obsesionado por su "dignidad", actuaba como si se estuviera humillando a la manera de Santa Isabel de Hungría, sublimando a los desfavorecidos, iluminando a seres dolientes como sucede en *El tránsito de la Virgen* (1606) que Roberto Longhi describió como "una escena de un refugio nocturno".

Caravaggio pinta a María Magdalena sentada casi en el suelo en el que ha tirado las joyas, en actitud introspectiva, con una lágrima que se desliza por su nariz. Melancolía ejemplar de la esa prostituta arrepentida, mortificada en soledad, respirando un aire "saturnal", sumida en esa tristeza benigna que describiera San Pablo en su segunda carta a los corintios. Lo que sale a la luz desde una oscuridad total son *visiones capitales*, imágenes de intenso tenebrismo desde *Judith y Holofernes* (1599), ese cuadro que para Annibale Carracci era "demasiado natural", a *David con la cabeza de Goliat* (1600), otro "autorretrato" en el que se encuentran vínculos con la Medusa. Fue como ese Santo Tomás que pintó alguien que tuvo la necesidad de meter el dedo en la herida para creer. Se arriesgó a perder la cabeza y, después de pintar milagros y martirios, decidió firmar la *decapitación de San Juan* que ejecutó en Malta en 1608 con la sangre que fluye del cuello del santo. Para Andrew Graham-Dixon esa firma sangrienta era una proclamación pública: "su forma de decir que su pecado mortal, su homicidio, había sido lavado por la sangre de su nuevo santo patrón. Ahora podría volver a Roma, no como un criminal, sino como un orgulloso soldado cristiano". Al final, ese artista que trabajaba en sombrías bodegas (recreando aquella idea de Plinio de la pintura originada en la sombra del amado en el muro), con una luz que caía a plomo sobre las figuras

73

que posaban, experimentó la máxima desesperación en una playa desierta bajo un sol inclemente. "Murió –apostilla Giovanni Baglione– de la misma manera que había vivido, malamente". Bajo el signo de Saturno, confinado en lo extremo, obsesionado por la culpa, anhelando la redención.

COMO UN PERRO.
ANOTACIONES SOMBRÍAS O CAPRICHOSAS EN TORNO A GOYA

"La fantasía abandonada de la razón produce monstruos imposibles: unida con ella es madre de las artes y origen de las maravillas"

(Goya: "Manuscrito del Prado" de los *Caprichos*)

No es cierto que con Goya el arte español muera,[1] al contrario, sus obras han inspirado a los artistas del presente, colonizando nuestro inconsciente creativo.[2] Basta

1. Recordemos el comentario del Barón Justin Taylor: "Con Goya ha muerto la luz de Velázquez, el color diabólico de El Greco, a quienes su imaginación volvió loco, y las costumbres de los toreros, los majos, las manolas, los alguaciles, los contrabandistas, los ladrones, los gitanos y, en fin, las brujas de España, que son mucho más satánicas que las nuestras" (Barón Justin Taylor: *Voyage pittoresque en Espagne, en Portugal et sur la côte de Afrique, de Tange à Tétouan*, Ed. Librairie de Gide Fils, París, 1826-1932, pp. 115-116).
2. "Acaso por el favor que nuestra época concede a las obras que actúan en connivencia con el inconsciente, por el peso que la experiencia psicoanalítica tiene en nuestra cultura, esas imágenes [de Goya, especialmente, los *Desastres de la guerra*, los *Disparates* o las "pinturas negras" de la Quinta del Sordo] se abren camino a través

75

recordar la enorme influencia que los *Caprichos* tuvieron en los artistas franceses y, especialmente, en Delacroix desde que Vivient adquirió una serie de esos grabados que serían expuestos en el Cabinet des Estampes en 1828.[3] Goya publica los *Caprichos* en febrero de 1799 en la época en la que también pinta los cuadros de brujería. "La palabra *caprichos*, entendida en el sentido de libertad respecto de las formas visibles de los seres, y por lo tanto de derecho a la invención, engloba todos los términos anteriores: *máscaras*, *caricaturas* y *sueños* [que llegó a pensar como título para la serie]. El término se había utilizado ya en este sentido en el pasado. Giambattista Tiepolo, entonces en la cima de su gloria y trabajando para la corte de

de nuestra arqueología íntima; la obra de Goya da testimonio simultáneamente, y con igual poder persuasivo, a favor de dos exigencias aparentemente contradictorias entre las que se divide el arte moderno: la que hace que los artistas trabajen para restituir, incluso en su textura sensible, la imagen de la condición objetiva del hombre y de sus avatares históricos, y que los lleva a escapar de la influencia de la realidad percibida para satisfacer, por la vía de lo imaginario, las inquietudes permanentes del espíritu y las aspiraciones más profundas de la subjetividad" (Hubert Damisch: Goya. *El mito de la asimilación*, Ed. Akal, Madrid, 2022, p. 25).

3. Cfr. Hubert Damisch: *Goya. El mito de la asimilación*, Ed. Akal, Madrid, 2022, p. 43. Théophile Gautier consideró, tras analizar la obra de Goya en el Prado, que lo decisivo de su estética se encontraba en los *Caprichos*, subrayando esa dimensión pintoresca que era la más apta para seducir las imaginaciones románticas.

España, había publicado series tituladas *Vari Capricci* y *Scherzi di fantasia* (algo después, su hijo Giandomenico Tiepolo se llevará con él a Italia un ejemplar completo de los *Caprichos* de Goya). Piranesi, cuyos grabados Goya conoce, es autor de una serie titulada *Invenzioni, capricci di carceri*, que muestra cárceles, un tema que Goya hace suyo en ese momento. En el siglo anterior, en 1617, Jacques Callot había publicado una serie de cincuenta pequeños grabados titulada *Caprichos*".[4]

El 6 de febrero de 1799 aparece, en el *Diario de Madrid*, un anuncio, inspirado por Goya y redactado por su amigo Moratín, en el que se describen, con el afán de conseguir compradores, los *Caprichos* como imágenes que dan cuenta de "la multitud de extravagancias y desaciertos que son comunes en la sociedad civil" y "las preocupaciones y embustes vulgares, autorizados por la costumbre, la ignorancia y el interés". El objetivo del artista es "la censura de los errores y vicios humanos". Goya inventa *tipos sociales* para luchar, con un nítido ideal ilustrado, contra las supersticiones.[5] Alejándose de los modelos académicos y

4. Tzvetan Todorov: *Goya a la sombra de las luces*, Ed. Galaxia Gutenberg, Barcelona, 2022, pp. 69-70.
5. "En su origen, los *Caprichos* bien pudieron ser el proyecto de un autor satírico en el sentido ordinario del término. Cuando se anuncia la publicación de sus grabados en el *Diario de Madrid*, Goya declara que su intención es exponer las supersticiones a plena luz de la "divina razón" para denunciar su carácter ilusorio, así como

de la estética neoclásica, no trata de mostrar lo visible sino lo invisible o, mejor, quiere "arrastrar lo invisible hasta el mundo de lo visible, dar forma a los fantasmas que pueblan la mente humana".[6]

Los *Caprichos* sedimentan la dualidad de una sátira deliberada de las ridiculeces del tiempo de Goya y son, a la vez, una inmersión en el inconsciente del artista. Goya no tenía miedo a ser exagerado[7] y tampoco vería con malos ojos su valoración como caricaturista.[8] El egoísmo, la brutalidad, la ignorancia, la soberbia, la deshumanización o el maltrato, están grabados a golpe de buril en estas

los vicios y fantasmas que éstas engendran" (Yves Bonnefoy: *Goya. Las pinturas negras*, Ed. Tecnos, Madrid, 2018, p. 69).

6. Tzvetan Todorov: *Goya. A la sombra de las luces*, Ed. Galaxia Gutenberg, Barcelona, 2022, p. 71.

7. "Goya bien puede considerarse un descendiente de aquellos para los que el "*caricare*", la exageración, no es sino un procedimiento didáctico al servicio de un bien asequible, a pesar de los abusos y las imposturas que prevalecen por doquier" (Yves Bonnefoy: *Goya. Las pinturas negras*, Ed. Tecnos, Madrid, 2018, p. 69).

8. "La evolución del gusto iba a permitir a Baudelaire preguntarse cómo es posible que la belleza se engendre mediante la denuncia de lo que en el hombre hay de vil y lamentable. Y, sin embargo, en relación con la obra de Goya, la cuestión, tal como la formula Baudelaire, delimita aún más estrechamente el campo del mito: dado que el acento se había puesto en el Goya dibujante, y ante todo en el grabador de los *Caprichos*, el propio pintor puede empezar a aparecer como un *caricaturista*" (Hubert Damisch: *Goya. El mito de la asimilación*, Ed. Akal, Madrid, 2022, p. 147).

dieciocho planchas que enfrentan al ser humano consigo mismo.

En vez de seguir la poética del romanticismo de la naturaleza como lo insondable, Goya hace que la mirada vuelva, una y otra vez, especialmente en la serie de *Los disparates*, a lo concreto. Su experiencia es la del espanto real. Los disparates presentan desde el jolgorio del carnaval a la masturbación, el rostro de la pura tontería o las apariciones fantasmales. En ese mundo, que es el nuestro, no hay trascendencia,[9] tenemos que enfrentarnos a lo inquietante, lo ridículo y lo *dispar*, esto es, a lo absurdo.[10] Es como si Goya hubiera vuelto lo placentero y decoroso algo ridículo e indecente; su espectáculo de la irracionalidad y la estupidez humana, en el que no falta la plena

9. "Goya [...] ha recurrido a los principios que Burke consideraba como elementos de lo sublime -la oscuridad, lo ilimitado o indefinido, el desorden, lo enigmático, el terror, los ojos desorbitados, las actitudes extremas...-, sin embargo el resultado tiene poco que ver con la sublimidad" (Valeriano Bozal: *Imagen de Goya*, Ed. Lumen, Barcelona, 1983, p. 267).

10. "El propio Goya empleo la palabra *disparate* para describirlas. Algunas de las pruebas que han sobrevivido llevan títulos a lápiz de su puño y letra: *Disparate femenino, Disparate ridículo*, etcétera. La raíz del vocablo, *dispar*, expresa "desigualdad" o "sin parangón", algo fuera de lo normal, que es precisamente lo que las imágenes de Goya expresan. Comparten con algunos de los *Caprichos*, si bien no con todos, un profundo sentido del absurdo" (Robert Hughes: *Goya*, Ed. Galaxia Gutenberg, Círculo de Lectores, Barcelona, 2004, p. 407).

blasfemia,[11] no nos adoctrina como un "proverbio" sino que introduce en nuestra mente la inquietud. Goya mira el mundo que le rodea al revés, consigue "mirar por de dentro";[12] el artista aragonés tiene una extraordinaria capacidad para ver bajo las apariencias y, por supuesto, para trabajar en la herida.[13]

11. "La lamina número 17 de los *Disparates* encubre una evidente mofa a la pasión de Cristo, habiendo sido sustituida la figura del redentor por un ser monstruoso con cara de sapo, y múltiples imágenes de los *Caprichos* son críticas feroces tanto a la Inquisición como a las órdenes religiosas" (Antonio Saura: "Goya o la contradicción" en *Fijeza*, Ed. Galaxia Gutenberg, Círculo de Lectores, Barcelona, 1999, p. 244).

12. "Tanto en Goya como para sus predecesores conceptistas, el "mirar al revés" o el "mirar por dentro" es la condición de acceso a la verdad" (Víctor I. Stoichita y Anna María Coderch: *El último carnaval. Un ensayo sobre Goya*, Ed. Siruela, Madrid, 2000, p. 293).

13. "Goya -cuando alcanzó la edad de cincuenta años y se sintió definitivamente derrotado- rompió los espejos, desnudó sus cuerpos, mostró la mutilación de los miembros. Testigo de lo que fue la primera guerra moderna, se situó en la oscuridad más profunda, en el plano más alejado de lo visible, y desde allí miró atrás para desbrozar con mayor perspectiva las apariencias (y quien no lo crea así que observe sus últimas obras). Destrozó las piezas, por así decirlo, y las fue recomponiendo para demostrar cómo eran en verdad. Humor negro. Pintura negra. Relámpagos en la noche de *Los desastres de la guerra* y en los *Disparates* (en español, *disparate* equivale a *tontería*: en latín, sin embargo, significa *dividido*, *separado*). Goya trabajó en la herida, en la cicatriz, en la mutilación... Trabajó con los fragmentos de lo visible. Y porque son fragmentos, trozos, pedazos, cosas rotas, podemos ver perfectamente lo que hay deba-

Tengamos presente que las imágenes de Goya nos asaltan, impidiendo la actitud reflexiva y distante característica del contemplador: "sus dibujos nos precipitan en el centro mismo del asunto, el disparate de la esperpéntica tonsura, la ridícula tontería de quienes esperan ver lo nunca visto... ya no son curiosidades interesantes sino acontecimientos en cuya presentación se percibe claramente un juicio, una opinión".[14] El paisaje del desastre que Goya traza se opone a la estética del pintoresquismo[15] y, sin duda, adquieren lo que se podría calificar como una *intempestiva contemporaneidad.*

jo de las apariencias: la misma oscuridad que nos sugieren las obras de Zurbarán, de Ribalta, de Murillo y de Ribera" (John Berger: "Una historia para Esopo" en *Siempre bienvenidos*, Ed. Huerga & Fierro, Madrid, 2004, p. 100).

14. Valeriano Bozal: *Imagen de Goya*, Ed. Lumen, Barcelona, 1983, p. 289.

15. "La naturaleza que a lo largo del XVIII y todavía en estos momentos del XIX es fuente de gratificación, se ha convertido en el medio de lo negativo y negativa en ella misma. Ahora bien, la naturaleza aparece a lo largo de teorías y prácticas artísticas de la época como uno de los puntos inexcusables de referencia para comprender la situación, la finalidad y valores del ser humano. La naturaleza no es en modo alguno un motivo anecdótico. Teóricos de muy diferente perspectiva abordan el problema, desde las reflexiones de Addison en sus iniciales *Los placeres de la imaginación*, hasta la relación arte/naturaleza en la *Crítica del Juicio* de Kant, que dará paso a la concepción de la naturaleza propia del romanticismo, concepción central en el desarrollo del movimiento. Hasta ahora, hasta las

Goya quiso titular sus grabados realizados a finales del siglo XVIII *Sueños* aludiendo, acaso, al texto satírico de Quevedo en el que invertía carnavalescamente las dinámicas sociales mientras trataba con sus "ensoñaciones" delirantes de escapar de la censura.

En 1797 Goya realiza dos dibujos sobre un tema que luego en la tercera y definitiva versión de 1798 será famosamente denominado *El sueño de la razón produce monstruos*. Los monstruos aprovechan el vacío dejado en el cerebro por las producciones claras de la fantasía, los murciélagos acosan al durmiente para entrar en él. En la célebre *Poética* de Ignacio de Luzán (1737) que Goya con seguridad conocía (fue reeditada en 1789, el año de la Revolución Francesa) se advierte que "la fantasía abandonada de la razón produce monstruos imposibles: unida a ella es madre de las artes y origen de las maravi-

estampas de Goya, la naturaleza había sido fuente de placer estético en una de estas dos perspectivas. La de lo pintoresco y la de lo sublime. Lo pintoresco se apoyaba en el descubrimiento de lo singular y cotidiano, de la diversidad natural interesante -invirtiendo el orden de la teoría convencional de la belleza: no la unidad en la diversidad, sino la diversidad en la unidad-. Lo sublime era el resultado de la grandeza y magnificencia. En uno y otro caso, placeres estéticos positivos en los que la negatividad o era inexistente o estaba sublimada. A partir de Goya la naturaleza cumple un nuevo papel: es el mundo de la negatividad, factor ella misma de negatividad" (Valeriano Bozal: *Goya y el gusto moderno*, Ed. Alianza, Madrid, 1994, pp. 215-217).

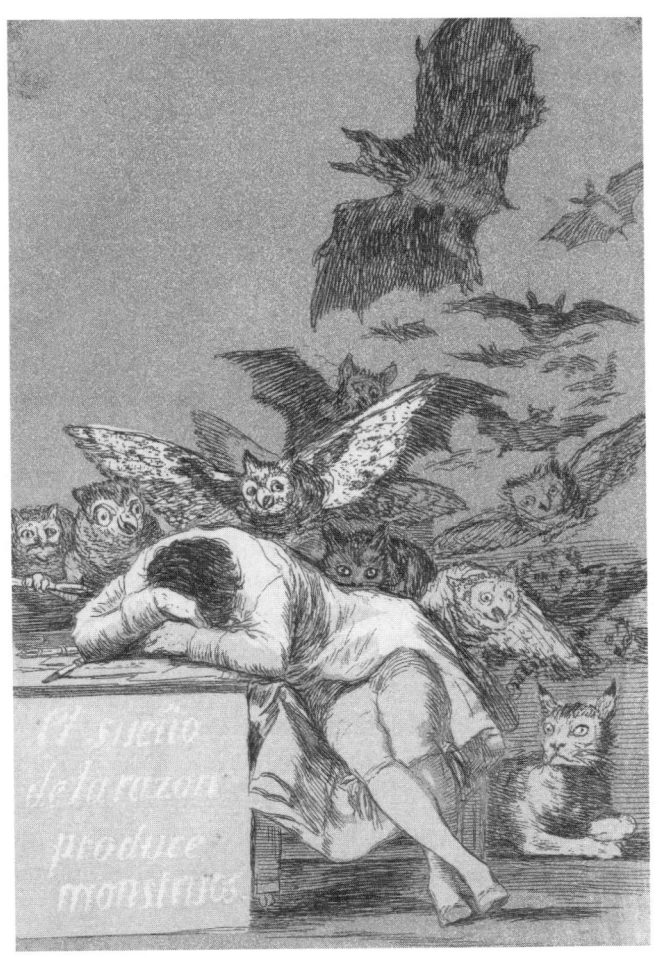

El sueño de la razon produce monstruos

llas".[16] Esa preceptiva distingue por un lado entre "monstruos disformes", engendros producidos por la "fantasía del Poeta obrando por sí sola, sin dar oídos a los consejos de la razón y del juicio" y la "verdadera belleza [...] sirviéndose de la bizarría y de los bríos de la fantasía, pero moderada y regida por los consejos del juicio". En el segundo dibujo (1797) la zona de la izquierda está completamente vacía, en blanco, a la derecha un gigantesco murciélago femenino, seguido de un búho y otras alimañas, se cierne sobre el durmiente como disponiéndose a tomar posesión de él, envolviéndolo con sus alas membranosas.

El lince, por su parte, tumbado e inactivo, está mirando fijamente, casi hipnóticamente al pintor, como si desafiara al espectador a descifrar la alegoría. El lugar de apoyo deja de ser un escritorio para tornarse en una mesa cuyo frente presenta la al pronto extraña inscripción "Ydioma universal". Parece desde luego un oxímoron, una *contradictio in adjecto* (pues todo idioma, por definición y por la propia etimología del término, es *particular*, no universal). Sin embargo, lo que seguramente quería decir el pintor es que él habría descubierto un "lenguaje" pictórico (con comentario al pie) *peculiar* (aunque no nuevo: baste pensar en los grabados de Rembrandt, modelo por lo

16. Ignacio de Luzán: *La poética o Reglas de la Poesía en General y de sus Principales Especies*, Madrid, 1789, pp. 226 y 230.

84

demás de Goya) de criticar y denunciar, entre la sátira y el crudo realismo, vicios universales, difundidos en la España de la época, dando "el testimonio sólido de la verdad".[17]

17. Al pie del dibujo de Goya hay una leyenda autógrafa que es una verdadera didascalia: "El autor soñando/ su yntento solo es desterrar bulgaridades/ perjudiciales, y perpetuar con esta obra de/ caprichos, el testimonio sólido de la verdad". "Como se ve, no se trata aquí de un meso caso de preceptiva estética. La intención debería ser más bien moral, y muy académicamente clasicista: exponer la lucha contra lo perjudicial y nocivo, en nombre de la verdad. Sólo que, si esta interpretación fuera plausible, entonces la leyenda (destinada, no se olvide, a servir junto al dibujo de frontispicio a un ciclo de grabados) no se compadecería desde luego con el contenido plástico de lo que ella debería demostrar. Pues la alternativa que nos ofrece "el autor soñando" es de un lado el vacío, la nada; del otro, los monstruos nocturnos, prestos a poseer el alma del pintor. Así las cosas, uno se ve tentado a pensar algo bien distinto a la didascalia, a saber: la expulsión de los prejuicios comunes da lugar a la irrupción de monstruos, esto es: de lo singular y extraño. La verdad, ¿daría entonces testimonio de su propia inanidad? Y la razón, ¿dejaría ver en su fondo la locura de procedencia? Pues es bien cierto que los 80 grabados de los *Caprichos* (1799) se denuncian y fustigan los vicios de toda laya, desde las "vulgaridades perjudiciales" hasta los actos más horrendos cometidos por el fanatismo religioso. Pero la denuncia en superficie a duras penas logra ocultar la *inmundicia* del cenagoso fondo inconsciente del pintor: Él es el primero en estar poseído por criaturas que sus grabados pretenden exorcizar" (Félix Duque: *Las figuras del miedo. Derivas de la carne, el demonio y el mundo*, Ed. Abada, Madrid, 2020, p. 110).

Georges Didi-Huberman ha recordado que la "vida otra" jamás nos viene dada de antemano. Para que tome forma es necesario que *despertemos a los sueños mismos*.[18] Como si en el despertar el sueño mismo se revelara ya deseoso de salir de sí. Tenemos que tener la mente abierta a todo, ser capaces de establecer, en términos freudianos, una permanente "asociación libre", esto es, trabajar en la dirección de una *radical excitación del sueño*,[19] sin

18. "Se trata de fabricar las condiciones concretas de una "vida otra". Por otro lado, no es que nos "despertemos de nuestros sueños", no. Por el contrario, lo que hacemos es *despertarnos a los sueños mismos*, que fueron las profecías -en imágenes-destellos, en sensaciones fugaces, en palabras extravagantes, en emociones profundas, en gestos desencadenados- de nuestra presente decisión de levantamiento" (Georges Didi-Huberman: *Desear desobedecer. Lo que nos levanta*, 1, Ed. Abada, Madrid, 2020, p. 375).

19. "Freud propuso [para sondear los pensamientos latentes e interpretar los sueños] el método del "libre fantaseo" (*freie Einfälle*) o "asociación libre" (*freie Assoziation*) sobre las imágenes manifiestas del sueño que se examina. *Es preciso darle vía libre a la psique y distender todas las facultades restrictivas y críticas de la conciencia*; hay que permitir que todo llegue a la mente, incluso los pensamientos e imágenes más estrafalarios que aparentemente no tienen ninguna pertinencia para el sueño analizado; uno debe ser totalmente pasivo y permitir el libre acceso a todo lo que llegue a la conciencia, aunque parezca carecer de sentido, de significado, y no tener ninguna vinculación con la cuestión de la que se trata; sólo hay que esforzarse en prestar atención a lo que surja *involuntariamente* en la psique" (Valentin N. Voloshinov: *Freudismo. Un bosquejo crítico*, Ed. Paidós, Buenos Aires, 1999, p. 109).

86

dejar de tener conciencia de que, al *interpretar los sueños*, sencillamente, termina uno por destruirlos.[20] "El mundo del sueño –advirtió Ludwig Binswanger– no es el jardín interior de la fantasía Si el soñador encuentra en él su mundo propio es porque se puede reconocer en él el rostro de su destino: encuentra el movimiento originario de su existencia, y su libertad en su cumplimiento".[21] La ensoñación es una potencia fundamental del deseo que, en Goya, es un dominio extraño entre la experiencia de dormir y soñar.[22] En ocasiones la noche proporciona el

20. "Son imprevisibles los daños que pueden causar los sueños interpretados. Esta destrucción permanece oculta, pero ¡cuan sensible es un sueño! No se ve sangre alguna en el hacha del matarife cuando arremete contra la tela de araña, pero ¡lo que ha destruido!... y jamás vuelve a tejerse lo mismo. Muy pocos sospechan el carácter único e irrepetible de todo sueño, de qué otra manera si no podrían desnudarle y convertirlo en lugar común..." (Elias Canetti: *La provincia del hombre. Carnet de notas 1942-1972*, Taurus, Madrid, 1982, p. 226).

21. Ludwig Binswanger: "La rêve et l´existence" en *Introduction à l´anayse existentielle*, Ed. Minuit, París, 1971, p. 222.

22. "La palabra *sueño* tiene dos significados -"dormir" y "soñar"-, lo que permite que la frase se interprete de dos maneras. Si significa "dormir" entendemos que cuando la razón se queda dormida, los monstruos nocturnos asoman la cabeza, y por lo tanto es preferible que se despierte para apartarlos. Los monstruos son externos a la razón, de modo que nos mantenemos en un proyecto educativo. Pero si la palabra significa "soñar", entonces es la propia razón la que produce esos monstruos cuando funciona en régimen nocturno" (T. Todorov: *Goya. A la sombra de las luces*, Ed. Galaxia Gutenberg, Barcelona, 2022, p. 72).

placer fantástico, aunque también puede llevarnos hacia lo atroz. Baudelaire que consideraba que la especialidad de Goya era "esa pesadilla de las cosas ignoradas";[23] tenía que desbordar el marco racionalista de la Ilustración para escrutar las pesadillas.[24]

Si en Goya se produce una salida a escena de lo monstruoso,[25] también podemos indicar que en los *Disparates*

23. Charles Baudelaire: "Los faros" en *Las flores del mal* en *Obra poética completa*, Ed. Akal, Madrid, 2003, p. 55.
24. "No sabemos si nos sorprenden más los seres extraños que pueblan los sueños de Goya o su habilidad para recuperarlos. Como mínimo, estas imágenes muestran con qué atención el pintor escruta sus pesadillas, las visiones que lo invaden una vez que la razón se ha dormido" (Tzvetan Todorov: *Goya. A la sombra de las luces*, Ed. Galaxia Gutenberg, Barcelona, 2022, p. 94).
25. "Señales de urgencia irónicamente desmentidas por el grabado mismo, ya que éste muestra justo lo que las aves nocturnas parecen exigir al artista, a saber: *que es el acto de soñar a los monstruos lo que en todo caso despierta y pone en marcha a la razón.* Son los monstruos mismos los que urgen al artista a servirse de su entendimiento: son ellos los que quieren ser comprendidos, racionalizados. Ellos son los que no toleran permanecer en el espacio confuso de lo onírico. Quieren saberse tal como ellos son (según "el testimonio sólido de la verdad"), esto es: como *verdaderos monstruos.* Lejos, pues de tratarse aquí de un destierro de lo monstruoso y disforme en nombre de la razón (o mejor, del entendimiento calculador y exacto), lo expuesto por Goya en dibujos y grabados supone más bien la reivindicación de una auténtica salida a escena de lo monstruoso en el hombre, de lo monstruoso que posee al hombre y que, por ello (y solo por ello), lo hace merecedor de exhibir esa denominación de origen: el ser-hombre" (Félix Duque: *Las figuras*

hay una teatralización o performatividad, en un proceso de extraordinaria *activación corporal*, como si estuviera cobrando conciencia de que la experiencia del arte supone que el deseo no puede extinguirse.[26] En el terreno de lo estético, de la tensión que corresponde a la producción de la forma, el gesto estético es intrínsecamente placentero, es el placer del deseo o, en otros términos, el deseo que se place a sí mismo. "Lo real es el misterio del cuerpo que habla, es el misterio del inconsciente".[27] Lo que escribe o pinta, el gesto que rompe el pavoroso espacio en blanco, son las condiciones del goce, ese empuje hacia la profundidad que tan difícil resulta de asumir. Pero también el rostro puede manifestarse el *desquiciamiento general.* Lacan

del miedo. Derivas de la carne, el demonio y el mundo, Ed. Abada, Madrid, 2020, p. 112).

26. "¿Por qué el arte no se detiene? ¿Por qué los hombres siguen creando? Porque en el arte, como en el goce sexual, nunca decimos que tenemos "bastante". Esa idea no tiene ningún sentido. Si el hombre sigue creando y gozando es porque el deseo no se extingue cuando adopta una forma particular. Porque existe un deseo, constantemente renovado, de hacer surgir nuevas formas, es decir, de dar naturaleza sensible a una nueva sensibilidad. Y esa nueva sensibilidad es deseada y creada no porque nos falte algo, ni por una necesidad compulsiva de repetición sino porque en la realidad se desea es una renovación del sentido como tal. De modo que lo que expresa el arte es nuestro deseo de tener sentido, ilimitadamente" (Jean-Luc Nancy: *El goce*, Ed. Pasos Perdidos, Madrid, 2015, p. 39).

27. Jacques Lacan: *El Seminario 20. Aun*, Ed. Paidós, Buenos Aires, 1989, p. 158.

señaló que el espacio que separa la belleza de la fealdad es el espacio mismo que separa la realidad de lo real: "el meollo de la realidad es el horror, horror de lo real, y lo que constituye la realidad es el mínimo de idealización que el sujeto necesita para estar en condiciones de sostener lo real".[28] La materia de la vida, el *afuera*, inunda al sujeto; la proyección del inconsciente en pintura supone, ciertamente, una confianza en los *impulsos*, una tensa dialéctica de lo concreto a lo infinitamente abstracto, esa asunción de la verdad como expresión de un trauma más que como adecuación representativa. El placer propiamente estético es una tensión, el esfuerzo de una forma que se está haciendo y que, en cierto modo, nunca puede completarse: no se agota porque goza de sí misma. El placer, tal y como advirtiera Spinoza, es ante todo centrípeto y apropiador, mientras que el gozo es centrípeto y desapropiador, una disposición a la vez activa y que tiende hacia un exterior.

La razón implica lo sombrío, tal y como Goya planteara: la razón en cuestiones de arte es hermana de la estupidez y, además, su profundo sueño provoca monstruos. El arte es, todavía, el peligro supremo de la voluntad y, simultáneamente, algo capaz de curar, "de retorcer esos pensamientos de nausea sobre lo espantoso o absurdo de

28. Slavoj Zizek: "Del deseo al impulso: ¿Por qué Lacan no es lacaniano?" en *Atlántica*, nº 14, Centro Atlántico de Arte Moderno, Las Palmas de Gran Canaria, otoño, 1996, p. 36.

la existencia, convirtiéndolos en representaciones con las que se puede vivir: esas representaciones son lo *sublime*, sometimiento artístico de lo espantoso, y lo *cómico*, descarga artística de la náusea de lo absurdo".[29] Contemplamos la *sordidez de lo sublime*, el desmoronamiento de aquella noción que establecía, como conclusión, al ámbito de la dignidad personal, en un deslizamiento hacia lo siniestro. A través de lo terrible, con el testimonio de la crueldad en la mirada, Goya tiene también fe en la belleza. Se trata de poner ante los ojos y evocar en su plasticidad una dinámica de lo vivo.

Un dibujo de la época en la que Goya estaba realizando los *Caprichos* muestra a una joven totalmente desnuda, en cuyo rostro no se expresa el menor temor, volando a lomos del gran macho cabrío, es decir, del diablo, con otros dos habitantes de ese mundo nocturno entre sus patas. Goya afronta la oscuridad, deseando la luz; ahonda en los rincones oscuros de la existencia, reflejando nuestro estado de ánimo en un perro *anonadado*.[30] El capricho 6 lleva por leyenda "Nadie se conoce". El manuscrito del Prado añade: "El mundo es una máscara, el rostro, el traje

29. Friedrich Nietzsche: *El nacimiento de la tragedia*, Ed. Alianza, Madrid, 1973, pp. 78-79.
30. A esa impresionante pieza de las pinturas negras dedicó unas intensas reflexiones Antonio Saura en *El perro de Goya*, Ed. Casimiro, Madrid, 2013.

91

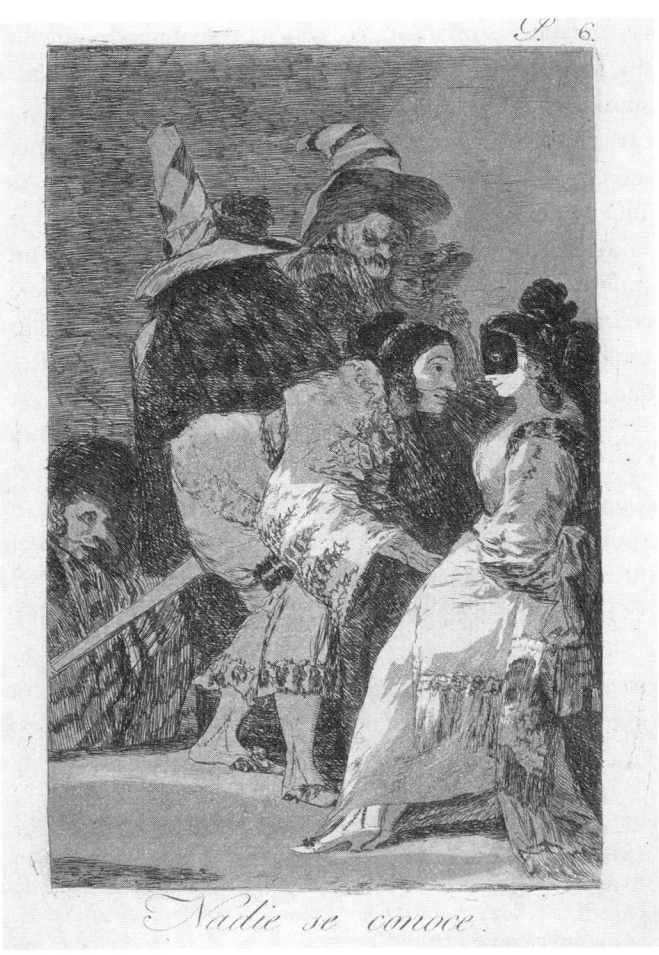

P. 6.

Nadie se conoce.

92

y la voz todo es fingido; todos quieres aparentar lo que no son, todos se engañan y nadie se conoce". Se trata de escuchar los sueños, tornar visible lo que bulle en la noche.[31]

La alegorización termina en un extremo nihilismo. Recordemos el grabado de *Los desastres de la guerra* de Goya titulado "Nada. Ello dirá" (1814-1815) en el que vemos un cadáver reclinado que sostiene un papel entre los dedos consumidos por el tiempo donde leemos: "Nada". "Es difícil detectar su significado o aceptar sin

31. "Del mismo modo que el sueño algunos signos toman forma, por un instante, apuntalados en la más evidente irrealidad, así las representaciones, las ideas y los valores a los que damos crédito en nuestra vida consciente también podrán parecernos simples quimeras, figuras que no tienen ser más que en la superficie, que costean una orilla en la que el propio lenguaje se retira, ante un océano que ninguna palabra podrá surcar. Al incitarnos a pensar de este modo, el sueño nocturno nos habla, en alguna medida, nos habla tal y como sugieren algunos *Caprichos* en los que la intuición se atreve a asomarse a lo desconocido. En la imposibilidad misma de significar, algo se está significando de esa manera abisal. Y no debe por tanto sorprendernos encontrarlo de nuevo en muchas de sus pinturas negras, no ya en forma de pensamientos, de símbolos, ni siquiera, diría, de estructuras fantasmáticas o de cualquier otra conformación elaborada por el deseo, consciente o no, durante el estado de vigilia: lo que nos aporta es la enseñanza de su caos, la enseñanza del no sentido que se asoma por debajo de lo que aparentaba tener sentido. El sueño puede ser una lección de tinieblas. Goya escuchó esa lección con la determinación de entregarse a la ingente tarea de hacer tabla rasa. Lo escuchó y lo comprendió" (Yves Bonnefoy: *Goya. Las pinturas negras*, Ed. Tecnos, Madrid, 2018, p. 113).

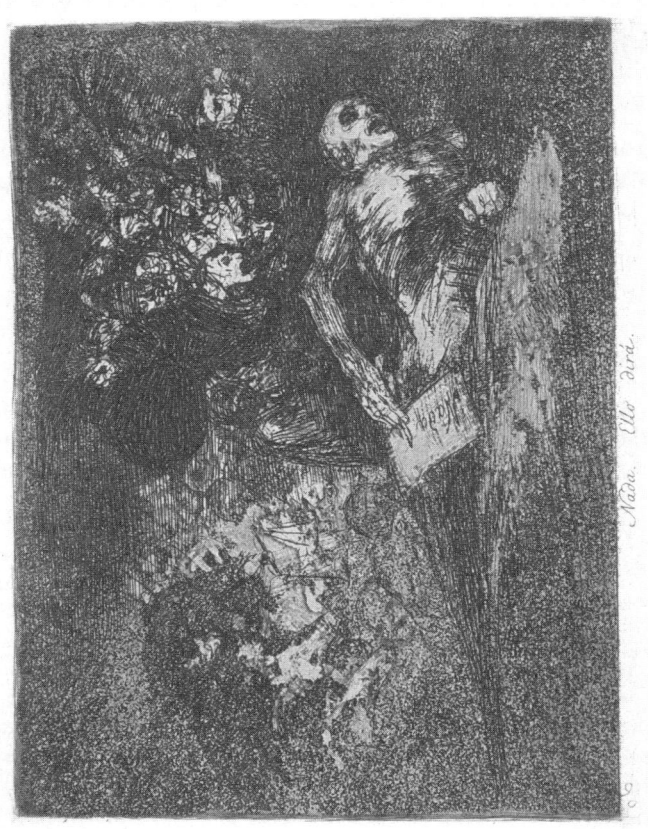

94

más que tenga tan solo una lectura correcta. Sin embargo, podemos leerlo desde una antigua anécdota. Se cuenta que el obispo de Granada en una visita al estudio de Goya reparó en un cuadro de tema similar y airado señaló: "¡Nada!, ¡nada! Qué concepción tan sublime: vanidad de vanidades y todo vanidad". A lo que Goya respondió: "Ah, pobre señor obispo, ¡qué mal me interpreta! Lo que en realidad quiere decir mi fantasma es que ha ido hasta la eternidad y *allí no he encontrado nada*". Es el momento de la sabiduría trágica que celebra su propio límite corporal, y alumbra la nada, el no hay futuro, el vaciamiento radical de la esperanza moral, corporal, política, social…".[32] A pesar de la sensación de que todo se disuelve en nada, la tarea del arte es para Goya, que está siempre *autorretratándose* reencarnando la "caprichosidad" goyesca,[33] dar un enérgico "testimonio de la verdad".

32. Alberto Santamaría: *Un lugar sin límites. Música, nihilismo y políticas del desastre en tiempos del amanecer neoliberal*, Ed. Akal, Madrid, 2022, p. 176.
33. "Lo interesante de su figura artística [de Goya] es precisamente ver cómo, de cuando en cuando y en tiempos ya tardíos, la cotidianeidad de su oficio experimenta extrañas perforaciones eruptivas de "caprichosidad", que es como entonces era visto lo que el siglo siguiente va a llamar "genialidad". En Goya brota repentinamente y en la pintura por vez primera el romanticismo, con su carácter de erupción convulsa, confusa de misterios y "demoniacas" potencias que el hombre llevaba en lo subterráneo de su ser" (José Ortega y Gasset: *Papeles sobre Velázquez y Goya*, Alianza, Madrid, 1980, p. 291).

PARA NO TERMINAR

Lo que toca toda obra de arte verdadera es una ausencia, una ausencia de la que, de no ser por la pintura o la escultura, no seríamos conscientes. "Y eso sería lo que perderíamos. Lo que el pintor busca sin cesar –apunta John Berger en *El tamaño de una bolsa*– es un lugar para recibir la ausencia. Si lo encuentra, lo dispone, lo ordena, y reza porque aparezca la cara de la ausencia". Conviene tener presente que un objeto no es algo simple, ni algo que se conquiste si previamente no se ha perdido: "un objeto –señala Jacques Lacan en su "Ensayo de una lógica de caucho"– es siempre una reconquista. Sólo si recupera un lugar que primero ha deshabitado, el hombre puede alcanzar lo que impropiamente llaman su propia totalidad". Según Lacan, el término esencial, en lo que se refiere a la constitución del objeto, es la *privación*, una deriva de ese reconocimiento del Otro absoluto como sede de la palabra. La metáfora es la función que procede empleando el significante, no en su dimensión conectiva en la que se instala todo empleo metonímico, sino en su dimensión de sustitución.

La *metaforización* (el desplazamiento entre lo heterogéneo) constante del arte está "activada" por los *divinos detalles*. A propósito de la fórmula "der liebe Got sekt im detail" (el buen Dios habita en los detalles), convertida en una obsesión warburgiana, Georges Didi-Huberman observa lo siguiente: "Gombrich, al haber encontrado la frase escrita en francés en algunos manuscritos, la atribuye a Gustave Flaubert. Su referencia directa sería bien, según Dieter Wuttke, un *dictum* filológico de Usener según el cual "es en los más pequeños puntos donde residen las fuerzas más grandes". Pero William Heckscher está en lo cierto al remontar mucho más atrás –hasta Vico y las "pequeñas percepciones" de Leibniz– ese motivo teórico y hasta teológico que sentimos portador de toda una tradición frecuentada por la imagen del *mundus in gutta* y por el problema de la *verdad* oculta en toda cosa, hasta en la más humilde". Mis humildes punctualizaciones en estas (re)visiones de los "maestros antiguos" son rastros de las gozosas derivas por esos museos y libros en los que se producen *epifanías* y hasta "resurrecciones".

Esta "sedimentación" ensayística, análoga a un *wunderblock* (ese lugar donde queda la huella de todo lo que, en algún momento, fue trazado) es, no lo puedo ocultar, un capricho o incluso un "disparate. Pero, sobre todo, lo que escribo intenta emular el lujo de lo visto, garabateo mis reacciones al carácter enigmático del arte. "¿Qué es el arte –pregunta Marina Tsvietáieva– sino el encuentro de las cosas perdidas, la perpetuación de las pérdidas?". Ese sincero esfuerzo hacia lo imposible, esa *metaforización post-arqueológica* no puede olvidar el placer, aunque sea sombrío, que está en nuestro origen. Las obras de arte que *me corresponden* encarnan, incluso aquellas de apariencia torturada, la *voluptuosidad* que es inseparable del ideal de la *buena vida* (inscrito tanto en la tradición estoica cuanto en la concepción estricta del epicureísmo entendido, entre otras cosas, como un arte de la conversación). Beuys declaró que la mejor obra de arte del mundo es una buena conversación. Tenía toda la razón del mundo.

A veces no se trata de una "conversación" sino de una perorata, ese tiempo usurpado por el charlatán que intenta imponer su *ley*. Nada puede protegernos contra esos desafueros, aunque acaso una cita (malvada) sirva de (penoso) consuelo: "Los historiadores del arte –escribe Thomas Bernhard en *Maestros antiguos*– son los verdaderos aniquiladores del arte, dijo Reger. Los historiadores del arte parlotean de arte hasta que, a fuerza de parlotear, lo matan. Los historiadores de arte matan el arte a fuerza de parlotear. Dios mío, pienso a menudo, sentado aquí en el banco, cuando los historiadores del arte pasan empujando a sus desvalidos rebaños, qué pena todos esos seres humanos, a los que precisamente esos historiadores del arte apartarán del arte, los apartarán para siempre, dijo Reger. La ocupación de los historiadores de arte es la peor ocupación que existe, y un historiador de arte charlatán, y al fin y al cabo sólo hay historiadores de arte charlatanes, debiera ser expulsado a latigazos, expulsado del mundo del arte a latigazos, dijo Reger, debieran ser expulsados del mundo del arte todos los historiadores de arte, porque los historiadores de arte son los verdaderos aniquiladores del arte y no debiéramos dejar que los historiadores de arte aniquilasen el arte en calidad de historiadores de arte". Confesaré que yo no soy otra cosa que un charlatán compulsivo e incluso, sin ninguna cualificación, me camuflo, de cuando en cuanto, con las maneras del "historiador del arte". Rara forma de *divertirme* cuando ya soy más antiguo que maestro.

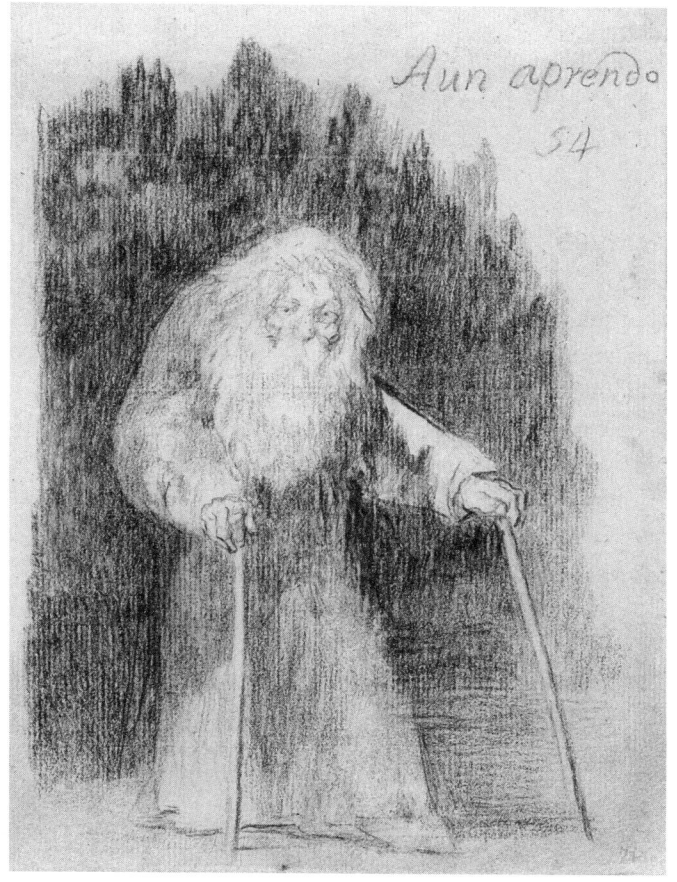

Aun aprendo

54

Antonio Bolognini *Guido Reni*

Johann J. Winckelmann *Lo bello en el arte*

José Moreno Villa *Velázquez*

Ceán Bermúdez *Murillo y Mengs*

Georg Simmel *Rembrandt*

Giovanni Baglione *Vida de Caravaggio*

Fernando Arrabal *El Greco*

Roland Barthes *Arcimboldo*

William Blake *Invenciones*

Juan Fco Pastor Paris *Estudios sobre Fuseli*

William Hogarth *Análisis de la belleza*

Walter Patter *Watteau*

Antonio Rafael Mengs *Correggio*

William Somerset Maughan *Zurbarán*

Walter Pater *Winckelmann*

Aldous Huxley *Goya*

Aldous Huxley *Las agallas de El Greco*

Diderot y Goethe *Ensayo sobre la pintura*

Ingres *Perpetuar la belleza*

David *La Antigüedad como patria*

www.casimirolibros.es